亡国の憲法九条

保守派憲法学者の自衛隊違憲論

慶野義雄・高乗正臣

展転社

はじめに

衆参両議院で改憲勢力が三分の二を超え、憲法改正の機は熟したといわれる。しかしながら、いわゆる改憲勢力のめざす方向はバラバラ、政権与党だけをとってみても公明党は筋金入りの「平和憲法」の擁護者、ポストと利権のためだけに改憲勢力に身を置いているだけである。それどころか、安倍自民党自身が、九条一項二項はそのままにして、自衛隊を明記すると言いだした。自衛隊明記という言葉にごまかされてはいけない。一、二項維持ということは、戦後体制の固定化、東京裁判史観の定着、固定化ということである。

高乗正臣は、橋本公亘先生、田上穣治先生に学び、厳密な憲法解釈の方法を追求したいわゆる憲法プロパーの研究者である。慶野義雄は、高坂正堯先生に国際政治を学び、その後、政治理論、憲法理論へと研究領域を拡大した憲法研究者である。二人は、憲法の研究会、憲法学会で出会うが、平成国際大学創設時にともに教授として招かれ、三十年近い論争相手となった。憲法学会においては、高乗が三年の任期二期、加えて前任者の任期二年と延べ八年間、慶野が一期三年間、二人合わせると十一年間理事長をつとめ、その間苦労をともにした。

憲法学会は六〇年安保の前年、国際共産主義運動の思想侵略が最高潮に達していた昭和三十四年、万国の憲法の普遍性と、我が国独自の固有性を憲法学と憲法生活に生かすことを理念として設立された学会である。万国の憲法の普遍性とは、一に、憲法が国家の基本法であり、国家の主権を否定する憲法は世界のどこにもないということ、二に、基本的人権の保障と権力制限は世界の近代憲法に普遍的なることであろう。我が国固有の独自性とは、國體護持、戦後は天皇制という言葉で表現されてきたものを護りぬくことである。

因縁話を付け加えれば、二人が出会う前からともに元高崎経済大学学長三潴信吾先生を師と仰いでいたので、間接的には偶然にも兄弟弟子であった。そのため、後に三潴先生の主宰する憲法懇話会も共同研究の場となった。

二人の論争は、それぞれ別の視点から憲法研究に入ったことから、いきおい大激論となった。それぞれ別々のアプローチをとったことが、互いに刺激となり、大いに勉強になった。しかしながら、改憲派、護憲派とも戦後の憲法学者がいかに欺瞞を重ねてきたかという評価では不思議と一致した。

特に、安倍首相の九条一項、二項の存続という欺瞞的な憲法改正案の提示に対しては怒りが爆発している。主権回復こそが民族の悲願であり、自民党の結党の理念でもあり、岸元首相の念願でもあったはずである。

平成三十年一月二十日

共著者

目次

亡国の憲法第九条

保守派憲法学者の自衛隊違憲論

はじめに　1

第九条第一項篇　衆院芦田委員会の実態を暴く

慶野義雄

序　章　混迷する改憲論

安倍首相の変節　10
方向感覚を失った改憲運動と低迷する改憲世論　23
改憲論者と護憲論者　ともに欠落する立憲主義　32
無念の思いの風化と改憲論の劣化　38
解釈改憲は国民道徳を退廃させる　43

第一章　国家と憲法

国家とは何か　50
国家の精神的基盤または国体　53
憲法と国家主権　56
本末転倒の九六条先行改正論　61
憲法違反の日本国憲法　70

第二章　売国の憲法第九条一項
Ⅰ　占領と日本国憲法　74
占領開始とGHQによる改憲指示　74
マッカーサー・ノートと民政局による憲法草案　80
米製原案の日本政府案としての偽装　82
GHQ演出の猿芝居　第一回総選挙　86
GHQへの忠誠競争の場と化した衆院芦田委員会　89
Ⅱ　自衛権否定の憲法第九条一項　95
売国の芦田修正　95
不戦条約類推による憲法九条解釈の無理　97
「としての」「としては」の和文と英文両面からの検討　103
主権放棄を公言する第九条第一項　106
文民条項と芦田委員会　112
憲法改正への現実的対応　118

第九条第二項篇　祖国を守る者は誰か

高乗正臣

はしがき　127

第三章　自衛隊は九条二項が保持を禁ずる軍隊である

Ⅰ　憲法論と政治論の峻別　131

そもそも憲法とは何か　131

政治論と憲法論　135

主権、自衛権、対日平和条約　138

Ⅱ　自衛隊合憲論に説得力はあるか　142

1．自衛戦力合憲説の無理　143

疑問だらけの自衛戦力合憲説　146

「安保法制懇」の立場　151

芦田修正を自衛戦力合憲の論拠にできない理由　152

芦田の意図と変節　156

2．自衛力合憲説―政府解釈―の欺瞞　159

田上穣治教授の見解　161

佐藤達夫氏、林修三氏の見解　163
政府の解釈　165
自衛力合憲説に説得力はあるか　166
戦力と自衛力とは区別できるのか　168
3．政治的マニフェスト説ないし政治的規範説は反立憲主義　170
政治的マニフェスト説　171
政治的規範説　172
明らかに無理がある理論　174
長谷部恭男教授の見解　177
4．憲法九条の規範内容について変遷が生じたか　183
おわりに　190
迷走する憲法解釈　190
立憲主義の空洞化　197
世界中で最も国防に無責任、無関心な日本国民　200
祖国を守る者は誰か　202

第九条第一項篇　衆院芦田委員会の実態を暴く

慶野義雄

序章　混迷する改憲論

安倍首相の変節

安倍首相は平成二十九年の憲法記念日、改憲運動団体の集会にビデオメッセージを寄せ、九条一項、二項を残しつつ、（三項に）自衛隊を明文で書き込むこと、高等教育を無償化することを内容とする憲法改正を二〇二〇年施行目指して進めたいと述べた。出来栄えはともかくとして、自民党には平成二十四年自民党改憲草案という直近の改正案がある。しかるに、党に説明がないまま突然発表することは党内手続き無視であり、総裁としての責任が問われないか、残される一項二項と加憲される三項の整合性の問題はどうなるのか、安倍首相の単なるレガシー作りではないかなどの批判が起こった。朝日新聞（六月四日）によれば、首相は、五月中旬の都内の会合で、党内をまとめられずに党の改正案にこだわるのは護憲運動をやっているのと同じだ、党内一の保守最強硬派の自分が党内をまとめると開き直っている。

自民党というのは不思議な政党である。些末な利権をめぐっては激しい党内抗争が繰り広げられるのに、政策の根幹中の根幹、憲法改正案については、然るべき機関決定もなく総裁の独断で簡単に覆せるわけだから。あるいは自民党改憲草案とはその程度に軽いものなのだろうか。党員でない者としてはただ感心するばかりで、党内手続きについてとやかくいうつもりはないが、各項の間の整合性はどうなのか。

二項は、陸海空軍その他の戦力の保持を禁止している。そして多くの憲法学者（六、七割といわれる）が、そのほとんどが学会や大学での保身のためや、イデオロギー的偏見によって違憲とする解釈をしているわけではなく、大部分が学者として信念をもって、専門家として自信をもって、自衛隊は憲法違反であると解釈しているのである。専門家でなくとも、普通の国語力をもつ日本人であれば、自衛隊は戦力そのものと考えるであろう。

日本一正しく、日本一美しい国語表現力をもった作家の三島由紀夫は、最も崇高な任務になった自衛隊員を憲法違反の日陰者として規定する第九条の破棄を求めて自衛隊市谷駐屯地で決起したのである。三島は作家、文学者であるから一般人とは違った特有の解釈を行ったのだろうと判断してはいけない。彼は、東大法学部卒のエリートで大蔵官僚の経験もあり、法学的素養も十分すぎるほど備えていた。自衛隊に、親しみを感じるとか、その必要性を認めるかという問題と第九条をどう解釈するかということは別問題である。三島は、自ら自衛隊に体験入隊し、自衛隊の応援部隊として楯の会を結成し、楯の会会員にも体験入隊を勧めたのである。

安全保障の専門家や国際政治学者はもちろん、政府自身も、日本の安全を論ずるとき、脅威となりうる国の軍事力と、わが国の防衛力を比較しているわけである。世界の軍事力（戦力）と日本の（必要最小限の）実力である防衛力を比較しているのである。

世界の軍事力と日本の「実力」が異次元のものであったら比較の意味がない。軍事力と数学の実力とを比較しても意味がないように、世界各国が日本の自衛隊や防衛力を戦力とみなしているように、政府も国際的にものを見るときには自衛隊や日本の防衛力が戦力であることを暗黙に認めているのである。政府は、国内と国際とでは戦力の意味を使い分けているのである。

さらに、九条二項は、戦力不保持に加え、交戦権を否認してダメを押している。交戦権とは、戦争をする権利、あるいは戦闘を行う権利と解釈できる。さらに、交戦権を交戦国に認められた国際法上の権利、地位と解することも可能であるが、二項をそのままにしてということになれば、自衛隊は手足を縛られて他国の軍隊よりもずっと不利な条件で戦わなければならないことになる。ハンディを負ったまま戦わなければならない自衛隊員は気の毒なものである。一項二項そのままに、自衛隊を保有するという規定を加えるなら、学者も国民も精神分裂症に陥ってしまうだろう。

新たに定義される「戦力でない自衛隊」は、消防隊とか警察、災害救助隊のようなイメージとなり、国防を担う自衛隊員の誇りは、ずたずたに切り裂かれるだろう。蓮舫元民進党代表の「安倍首相のレガシー作りと」いう評価はいささか褒めすぎである。日本の将来のためになるものを残すのではなく、残るのはさらなる混乱と欺瞞のみ、安倍首相は改正された憲法を首相時代の記念アルバムのように愛でつつ、ご満悦かもしれないが、国民にとってはあらたな汚辱の歴史の一頁が加わるだけである。

安倍首相は自分が強硬派だというが、強硬派とされる指導者が国を危うくする例は沢山ある。近衛文麿は、ソ連のスパイであったドイツ人将校ゾルゲの工作に篭絡されソ連への備えを疎かにし、英米を主要な敵として南進するという決定的な過ちを犯した。昭和五十七（一九八二）年、ソ連の情報将校レフチェンコが、アメリカに亡命し、米下院の情報特別委員会で、自らが関わった日本でのスパイ活動について証言するという事件があった。

この時、実名あるいはコード名で明かされたスパイ（エージェント）の数は百三十名、その中には社会党議員、左翼マスコミ人ばかりでなく、自民党議員や保守系の産経新聞の編集局次長の名前なども上がっていた。『リーダーズダイジェスト』誌によるレフチェンコへのインタヴューによると、エージェントとは直接ソ連から対価をもらって情報を提供する人間のほか、金銭はもらわないがソ連にとって都合の良い行動をとる人間、結果的にソ連を利する人間などいくつかの種類とレベルがあるという。

鈴木宗男、佐藤優はかつて北方領土にムネオハウスを建設するなどソ連への経済支援に熱心で二島返還論などソ連の主張にそった運動を展開した。ソ連から直接金をもらっていればスパイということになるが、そこまでは立証されなかったものの、工事を請け負った日本の土建業者から献金を受け取り、収賄で逮捕され、公民権を失ったことは周知の事実である。しかし、日本の援助でソ連のために行われた土木工事の談合に絡んで金銭を受け取れば、ソ連から金をもらったと同じ、否、それ以上に悪質といえる。

二十八年の安倍プーチン会談ではマスコミはこぞって北方領土が帰ってくることを期待したものであるが、意図的に遅刻するプーチンに翻弄され、領土問題は全く進展しないどころか、その領有権の主張さえせず、北方領土の共同開発などロシアに都合のいい合意が行われただけであった。安倍首相が対ロ交渉において重用したのがこの鈴木、佐藤両名であった。安倍首相は、ゾルゲ事件やレフチェンコ事件から何も学んではいないのではないか。

最近報道されていることであるが、ウラジオストークの建設現場で働く北朝鮮労働者が本国に莫大な外貨を送金し、それがミサイル、核開発の資金になっているという。我が国に向けられたミサイルや核開発の資金をロシア経由で日本がせっせと貢いでいるという間抜けな現実が明らかになったわけである。

批判ばかりするが、お前に領土を取り戻す秘策はあるのかと反論するなら、あえて言う。したたかなロシア、したたかなプーチンが我が国の善意に対し以心伝心で譲歩し、領土を返してくれるはずはない。ひたすら待つだけ、相手の経済的、政治的、軍事的疲弊を待つだけである。

かつて、ソ連の体制が崩壊しかかり、経済が破綻しかかったときは解決のチャンスであった。原油価格が急落しロシア経済が破綻しかけた時、彼らは背に腹は代えられぬと観念し、領土を差し出し、経済支援を求めてくるであろう。逆に共同開発、日本の経済支援で豊かになればなるほど島を返すのがますます惜しくなる。鈴木や安倍は折角のチャンスを自らつぶしているのである。領土返還と開発は両立しないという理屈は小学生でもわかる。

中国に、北朝鮮に圧力をかけてくれと懇願するのも相当にピント外れである。中国は日本に恩を売りながら、陰では、尖閣諸島への侵略の足掛かりを着々と進めている。防衛、安全保障は、外交交渉のみで実現できるのではなく、自らの軍事力をしっかり備えることが前提であり、それでも不足するものを同盟や外交で補うというのが歴史の鉄則である。

保守最強硬派を自認する安倍首相の失政は、安倍プーチン会談の共同声明だけではない。二十七年十二月の慰安婦問題での日韓合意も、詰めの甘い安倍外交の失敗と位置付けられるであろう。日韓合意は、日本政府は慰安婦に対する謝罪とお詫びをあらためて表明し、両政府ともこの問題を最終的、不可逆的に解決し、国連などで今後互いに非難しない、韓国政府は日本大使館前に運動団体によって設置された慰安婦像を撤去させるよう努力し、日本政府は慰安婦救済団体に一〇億円を拠出するというものであった。

慰安婦問題は韓国によって、歴史カードとしていわば日本ゆすりの材料として使われてきたが、その原因を作ったのは朝日新聞による二つの誤報である。一つは済州島で自ら慰安婦狩りを行ったとする吉田清治の虚偽の証言、第二は単なる勤労奉仕団体であった女子挺身隊と慰安婦とを混同したことである。

ところが、朝日は平成二十六年夏、たて続けに二つの誤報を謝罪し、訂正記事を載せた。すでに執拗な韓国の要求に負けて政府は平成五年に河野官房長官談話を出して慰安婦徴募における強制性を認め謝罪するという失態を犯していたが、河野談話の検証が行われることになるとかねてからの韓国の主張は一気に崩れるわけである。

ちなみに、もっとも過激な韓国の旧慰安婦団体の名称は挺身協である。この名前からわかるように、女子挺身隊が慰安婦でないことになれば、そもそも挺身協自体が成り立たないのである。朝日新聞の誤報謝罪記事によってピンチに追い込まれていたのは韓国の方である。韓国側の執拗な抗議に辟易して早く決着をつけたい気持ちは分らぬではないが、相手がピンチに陥っているときに河野談話で行われた謝罪を改めて確認したことを意味する。日本政府が十億円を拠出し、韓国の主張に公的に屈服したことになるわけで安倍外交の大失態であった。

先に、九条二項と新設される三項に関して論じたが、九条一項との関係はさらに深刻である。本書第一篇のメインテーマなので、後に詳しく論じるが、ここでは要点だけ述べたい。

第一項には「国権の発動たる」「戦争」は放棄するとある。もとになったマッカーサー草案を直訳すると「国民の一主権としての戦争」（war as a sovereign right of the nation の当時の外務省の訳）「国家の主権の発動としての戦争」（当時の憲法担当松本大臣の訳）を放棄するとはっきり書かれている。はっきりと、「主権」という言葉が使われているのである。

不戦条約、国連憲章以後は、侵略戦争は禁止されたと考えられているから、戦争一般は、国家の主権行為ではない。しかし、これらの条約によって自衛権は否定されていないから、独立国は、国際法上、自衛権をもち、自衛戦争を行う権利を持っているわけである。

したがって、「国家の主権としての戦争」とは、自衛戦争を意味する。「国家あるいは国民の一主権としての戦争」（war as a sovereign right of the nation）を放棄するということは、日本は主権を放棄する、したがって主権国家ではない、独立国家ではない、ということである。英文で読むかぎり、日本は独立国ではない、どこかの国の保護国である、従属国であると書いてあるのである。

和文には「主権」を放棄するとまでは書かれていない。日本国憲法は悲しいことにGHQが作った草案（マッカーサー草案）の翻訳である。GHQ案の翻訳として作られた日本政府原案は、衆議院の秘密委員会で審議されたが、さすがに、敗戦国の国民でも、「主権放棄」とか「保護国」「従属国」とかいったら怒り出すから「国権の発動たる」という意味不明の言葉で日本国民を騙したのである。

ところが、衆議院の特別委員会の芦田均委員長は、委員会審議の結果、GHQに対しては原案通り「『主権としての戦争』(war as a sovereign right of the nation) は放棄する」というふうになったと報告した。それが、意味不明の「国権の発動たる戦争」になった理由である。いくら正文は和文だといっても、日本人以外は英文で日本国憲法を読んでいるのである。知らぬは日本人ばかりなり。

しつこいようであるが、国家の主権としての戦争を放棄するということは、自衛戦争も放棄するということであり、主権を放棄するということ、言い換えると、日本は独立国ではない、国家ではないということである。二項もひどいが、一項はもっとひどいのである。

安倍首相が一項二項を残したままにするということは、敗戦のこうした負の遺産に、あらためて、お墨付きを与えるということを意味する。最終的かつ不可逆的に主権放棄を追認し、連合国、戦勝国の保護国、従属国になるということである。九条一項を残すということは、戦後体制からの脱却ではなく、戦後体制の固定化、永久化を図るということである。

憲法改正の目的は、日本が再び主権・独立の国家として再生することである。改正のための改正であってはならない。政治家が自分の名を残すためだけの改正であってはならない。何のための改正かを常に考え、原理・原則を外してはならない。水（九条一項二項）と油（自衛隊明記）はいくらかき混ぜても溶け合うことはない。姑息な手段は用いてはならない。強硬派であることよりも、主張に一貫性があること、ぶれないことが大切である。

九条の会が強いのは、主張が常に一貫していてぶれないからである。ところが、保守派は、現行九条では自衛隊の保持を禁止していないといって解釈改憲を進め、自衛隊が九条に違反しないとする理論武装に奔走してきた。さらに、解釈改憲を集団的自衛権まで進め、それが成功すればするほど九条改正はますます遠くなるというジレンマに陥ってしまった。九条改正の本音を隠し、九六条を改正しておいて九条改正の隙をうかがうというのも姑息であった。

その次に思いついたのが環境権や高等教育無償化とのセット販売であろうか。悪徳商法に似て、いずれも姑息の感は否めない。三項または九条の二など異質のものを九条の中に並べて入れるなどは論外である。改憲論の原点にもどり、九条全面廃棄で九条の会などと堂々と渡り合うべきである。

ところで、九条改正とセットで売りつけようとしている教育無償化であるが、これは、見え透いた維新取り込み策で、維新に配慮したものと思われるが、これはただのバラマキに過ぎない。必要なのはむしろ財政健全化条項である。

第一次安倍政権の時作られた国民投票法は危うい部分をもっている。憲法改正は最終的には国民投票で決するので国民投票法が必要なことは確かなのであるが、同法では改憲案ごとに賛否を問うことになっている。そうすると他党を抱き込むためにバラマキ的に混入された玉石混交の改正案が同時に浮上する可能性がある。そして憲法が全体として整合性のないものになる可能性がありうる。

おまけのつもりで発議された改正案だけが通って、必要性の少ない、あるいは有害な改正案が国民投票で可決されることもありうる。教育無償化だけ通って九条改正は否決されるということもあり得るであろう。

教育無償化は相当な財政負担をもたらすことが予測されるが、はたして、無償化によって日本の教育が飛躍的に改善されるのであろうか。教育が国家の発展の原動力であることは事実ではある。ただし無償化が教育の目覚ましい向上に結びつくかは疑問である。

無償化とは通常授業料無料をイメージさせる。しかしながら、多くの学生は高い授業料を払うから一所懸命勉強するのである。最近まで大学教員をやっていた私が言うのだから間違いない。また、将来高額な収入を約束される医学部学生も他の学部生も一律に無償化し授業料を国家が負担するのであろうか。また、無償化の影響で大学や大学院に当該年齢のほぼ全員が行くことになれば労働力不足に拍車がかかる。人道面しながら、底辺労働は学歴の低い、低賃金の外国人労働者にやらせるのだろうか。

すでに教育特区などで兆候が見えるが、加計、森友などのような教育利権に群がる学校法人があふれ、低能教授がますます増えるであろう。便乗する文科省の利権拡大も無視できない。学校法人には文科省天下りがあふれるだろう。

教育にかかる費用が高額になったために経済力による学歴固定化が進み、東大出身者の子弟は東大にという世代間固定化が進んでいるといわれるが、この説明にはかなり嘘がある。学力に影響を与えるものとして、遺伝、環境、努力などがある。そのなかでも一番大きいのは遺伝的要因である。ただ、教育学者や教育者はこのことをタブーとしていて、絶対に口に出して言わない。社会一般に対しては経済的要因などの環境、子供に対しては努力といってごまかすのである。

六十年代までは大学進学率自体が一〇パーセント程度、七十五年から九十年は、三八パーセント前後であったが、二〇〇〇年以後は五〇パーセントを超えている。六十年までは家庭や親の経済力が低いため優秀な頭脳をもっていても大学に行けない者が多かったが、高度成長とともに能力があればほとんどの人間が大学に行けるようになった。学歴の世代間固定化は、遺伝的要素の影響が環境的、経済的要素化を超えるようになったのが大きな要因である。

なお、小学校低学年では環境的要素が大きく、高学年では遺伝的要素が大きくなるようである。低学年では親が教育熱心で塾や家庭教師をつけている子供が勉強ができるが、高学年になると経済的要因と遺伝的要因が逆転し優秀な親の子弟に追い越される傾向がある。

したがって、国が厚く経済的援助をすべきは幼児教育や義務教育の段階である。ただし、ノーベル賞をとるような優秀な頭脳を育てることは国家の発展にとって不可欠であるから、高等教育の段階では授業料無償にとどまらず、優秀な学生を集中的に積極的に支援すべきである。入試なども易しくなり過ぎているからもっと競争原理が働くように大学数なども半減してもいいくらいである。実際、今ノーベル賞を輩出している世代の大学進学率は決して高いものではなかったというのが現実である。

あまり知られていないが、定員を割り込むような大学では、制度としては、すでに優秀な学生に対して実質的な無償化が行われている。授業料免除の学業特待生をとっている大学がかなりある。それでも優秀な学生は授業料を払ってでも一流大学に流れてしまい、効果をあげていない。自治医科大学と防衛医科大学校は別格で、無償の上に給与まで出ている。

義務教育は現行憲法でも無償とされるが、我々の小学生時代、教科書は有料で、兄貴のお下がり教科書を使わされることもあった。ところが、教科書も無償でなければ無償といえないということに拡大解釈され、一定価格範囲内で作られた検定済教科書が支給されるという仕組みになった。

このことは大変結構なことだが、高等教育が憲法で無償とされると、教科書が国から支給されることになるのだろうか。国の財政上教科書の価格も国が定めることになるのだろうか。納税者国民に責任を負う国は、ついでに教科書の内容にまで介入してくるかもしれない。こうなったら学問の自由は保障されるのだろうかなどとつまらない心配までしてしまう。俗にタダより高いものはないというが、高等教育の世界にまでバラマキとポピュリズムが蔓延する世界が出現しそうである。

方向感覚を失った改憲運動と低迷する改憲世論

平成二十八年夏の参議院選挙の結果、自・公・おおさか維新の会（大阪維新の会は参議院選挙後に日本維新の会と名称変更）のいわゆる「改憲勢力」が、憲法改正発議に必要な三分の二の議席に達したことで、憲法改正の機は熟したような錯覚を与えた。ところが、改憲論者の期待に反して、憲法を改正すべきとする改憲世論は安倍政権になってから減り続け、過半数を割り込み、本命の九条改正論に至っては改正すべきではないとする意見にダブルスコアで突き放されるにいたっている。

平成二十九年の憲法記念日時点の世論調査においては、読売、産経の世論調査では改憲論がやや盛り返したものの、九条に関しては、改正論は低迷している。ただし、この時期には、北朝鮮によるミサイル発射、核実験が立て続けに行われ、緊張が極端に高まっており、本来なら九条改正論が倍増しても不思議ではなかった。

先の参院選では、そもそも、与党の自民・公明は憲法改正を選挙の争点としようと望んではいなかった。当初安倍首相周辺はアベノミクスの成果や消費税増税延期を前面に参院選を闘おうとしたのである。ところが、安倍政権に批判的な左翼マスコミと、民進、共産などの野党が、与党の選挙戦術を改憲隠しと批判し、改憲勢力などという実体のない呼び名が付いたのである。年が明けても首相は経済最優先を目標に掲げ総裁任期の延長に意欲をみせるだけで憲法の話などどこかに行ってしまった。

そもそも、「改憲勢力」などという言葉は幻想であり、そのような実態は最初から存在しなかったのである。最初、自・公・大阪維新の会をさす改憲勢力なる言葉は、選挙民の危機感を煽り、参院選を有利に戦おうとした野党と、その宣伝部隊を買って出た朝日、毎日などの左翼マスコミの造語であった。ところが、四野党共闘の低迷不振が現実のものになってくると行きがかり上、保守系マスコミまで改憲勢力という言葉を使うようになった。しかしながら、「改憲勢力」というのは、言葉の先行、選挙目当ての負のレッテル貼り、あるいはただの買いかぶりでしかなかった。

公明党は、環境権の創設などで加憲をするといっているが、これなどは改憲の本筋とは全く関係ないことであり、いわば「申し訳改憲」、その本音は「限りなく護憲」というべきである。創価学会名誉会長の証人喚問を阻止するためやら、国土交通省などの利権を守るなど様々な理由で、とにかく連立与党の座に何とかしがみつこうと必死なのである。しかしながら、政権の座に留まることが最大目的であり、初めに連立ありきで改憲は政権にとどまるための便法にすぎないから、環境権の創設による加憲などといって改憲派を装っているだけである。

だから、改憲が具体的日程に上りそうになると「今は改憲の時期ではない」などと様々な口実を設けて引き延ばしを図る。環境権などは、改憲するまでもなく、憲法二五条（健康で文化的な最低限度の生活）や一三条（幸福追求権）で十分対応できるのである。いわばどうでもよい問題で改憲陣営にいるだけで、改憲の本筋である九条については確信犯的な護憲派である。公明党もかつて九条に三項加憲をと述べたことはあるが、できぬことを見越して自民党の気を引いただけで本音は政権と利権のための偽装にすぎない。

ところが創価学会の票欲しさに安倍首相は、結党の理念である憲法改正の基本理念にいたるまで公明党に媚びを売るようになってしまった。安倍首相は、長年公明党と連立政権を組んでいる間に公明党に魂まで奪われてしまったのである。安倍首相は、民進党と共産党などの選挙協力に対して野合と厳しく批判するが、九条問題で公明党の主張を丸呑みする安倍首相こそ野合批判に値する。自民党が、改憲の論点に環境権や知る権利などいわばどうでもいい問題を加えることで「この指止まれ」のハードルを低くしていることは、自民党の劣化の証拠であり、改憲勢力が三分の二を超えたなどと浮かれている状況ではない。

大阪維新の会は、結成当初から統治機構の改革などを訴え、改憲政党であることは間違いないが、国民の人気取りを最優先とするポピュリズム政党であり、かつての橋下徹代表の〝船中八策〟では天皇制を形骸化しかねない首相公選制を唱え、国家主権、国家の崩壊につながりかねない道州制や地域主権など危険な主張をする一方、肝腎の九条改正については国民投票により決めるなど曖昧に逃げを打っていた政党である。

昭和三十年に改憲を党是として結党された自民党の、最近の劣化は見るに耐えない。本文の中で詳しく論じるが、日本国憲法は連合国軍総司令部（ＧＨＱ）民政局の密室でアメリカ人によって一〇〇パーセント書かれた、いわゆるマッカーサー草案が元になっている。平成六年の自社さきがけ野合でできあがった村山政権は、社会党を自衛隊容認の政党に変え、その後の社会党の凋落、崩壊につながったといわれるが、自民党など改憲勢力については逆に、村山談話に見られたような自虐史観に自民党が感染し、旧社会党の自虐史観を共有するようになり、改憲によって目指していたものが完全に骨抜きにされるという事態が生じている。

憲法改正に関する世論の動向を見てみたい。講和条約締結後の昭和の時代には、「憲法を改正すべきでない」が「憲法を改正すべきだ」をほぼ上回っていたが、平成二年の湾岸戦争を期に賛否は逆転し、改憲論は護憲論を一貫して上回り、平成十二年の小泉内閣時、平成二十四年の安倍第二次内閣発足時には改憲論が護憲論のほぼ二倍とピークに達した。

ところが、憲法改正を期待された安倍政権で平成二十七年四半世紀ぶりに再逆転、護憲論が改憲論を上回り、その後再々逆転するも低迷している。九条改正に限れば「改正すべきでない」が「改正すべき」のほぼ二倍、その後北朝鮮の挑発により、「改正すべき」が持ち直しているものの仮に国民投票となっても相当難しい状況である。昭和の時代に完全に後戻りしている。

三分の二の改憲勢力などという言葉は、革新メディアがこのままでは憲法が改正されてしまうと危機感を煽ることによって反安倍勢力に肩入れしようとする策謀であり、保守系メディアも選挙戦末期には行きがかり上追随したというのが実態であり、憲法改正の現実性など元々なかったのである。

参院選では、憲法改正を悲願として首相の座に帰り咲いたはずの安倍晋三首相や、憲法改正を大義として結党されたはずの自民党が、改憲問題から逃げまくり、アベノミクスの成果の強調とその継続という経済問題一本やりで参議院選挙を乗り切ろうとしたのである。野党が憲法改正（反対）を争点にしようと躍起になっているのに、与党は憲法改正問題が存在することをひた隠しにするという珍現象さえ生じたのである。

平成二十九年の総選挙でも、安倍首相は、憲法改正を争点の中心にすえることには及び腰であった。総選挙勝利後も、自民党は改憲論議に着手することに及び腰で、九条を避け、選挙区合区の問題に関する四七条、九二条でお茶を濁している。こうした事なかれ主義が改憲世論に水をさしていることに自民党は未だ気づいていないのである。

改憲世論の再逆転を許した原因の第一は、平成二十五～二十六年にかけて改憲派が第九条をそのままにして第九六条の改正を先行させ、改正の要件を衆参両院の各三分の二から、両院の各二分の一としようとしたことであった。この案は姑息であるという批判、また、最初の改正後緩くなった改憲要件下で何をやるか不明であるという批判を浴び改憲世論は一気に萎んでしまった。

第二の原因は、平成二十七年の集団的自衛権の解釈変更と安保法制の国会通過である。集団的自衛権の解釈変更は、ほとんどの憲法学者と国民の大半の目に解釈の限界を超えたものと映り、憲法への不信感というよりは憲法無用感を生み出した。安保法制の成立をみると、ここまでできるならもう国民の多くは憲法改正の必要はないと考えるに至った。もちろん、改憲運動への不信感が増幅されたことは言うまでもない。安保法制成立で憲法改正がますます遠くなった。

平成二十九年に改憲論がやや盛り返したことについては先に述べたが、これは改憲運動の成功によるものではなく、北朝鮮のミサイル、核開発により国際緊張が異常に高まったことが原因であり、本来なら圧倒的に改憲機運が高まっていたはずなのに失敗続き、オウン・ゴール続きの改憲運動によって改憲世論の足を引っ張ったといえる。こうした事態を招いた責任は、目先の問題への対処を優先し、政権に耳触りのいい解答しか示さない御用学者にもある。改憲運動を大局的にとらえる理のある憲法学者の意見はますます遠ざけられていく。

安保関連法の審議当時、自民党が国会に招いた憲法学者長谷部恭男氏までもが違憲論であったこと、菅官房長官が記者会見で合憲論者は沢山いると発言しながら、その憲法学者の名前を問われ二名しか挙げられないという失態で醜態を晒した。国会に招致する学者を人選した自民党担当者の不勉強ぶりが露呈した形であるが、実はその直後に朝日新聞が憲法学者百二十二人に行ったアンケート調査でも法案賛成者は二名しかいなかったのである。

保守系マスメディアも御用メディアになり下がり、違憲改憲論は締め出されている。まさに、改憲運動は自縄自縛状態である。安保関連法成立以後は、憲法記念日の改憲団体の集会なども、九条問題は避け、緊急権や環境権を専ら扱うことになった。こうした深刻な状況にやっと気づいたのか、安倍首相や稲田朋美政調会長（当時）が、憲法学者などに違憲論もあるので、九条論議を深めなければならないなどと発言するという状況も起きている。

我が国がとるべき政策を考えれば、自衛隊を保有し強化することは絶対に必要であり、集団的自衛権も必要である。しかし、憲法解釈上は無理がある。だから、憲法改正が必要なのである。ところが、御用学者や御用新聞があまりにも政権に忠実なので、かえって改憲運動が袋小路に嵌まってしまったという皮肉な状況なのである。

冷静に、理論的に考えれば、自衛隊が違憲だからこそ、安保関連法制が違憲だからこそ、そしてこの憲法では国土と国民の守りができないからこそ憲法改正が必要なのである。違憲でないなら大きな摩擦を起こしてまで憲法を改正する必要はない。これまで政府と御用学者がグルになって、憲法は自衛権までは否定していない、自衛のための実力までは否定していない、自衛隊は戦力ではなく実力だなどと国民を騙してきた。

しかしいつまでも嘘をつき続けることはできない。素直に嘘を認めて改正の必要性を訴え、改正のための国民の理解を得ることが必要である。合憲論者は、政権に迎合するばかりで、結果的に憲法改正への流れを妨害するばかりだから、しばらくの間だまっていたほうがいい。これからは違憲論者が改憲運動を引っ張っていくべきである。

南沙諸島を不法占拠し軍事施設を建設した中国は尖閣諸島周辺への領海侵犯を繰り返し、沖縄に触手を伸ばそうとしている。北朝鮮はすでに二百基以上のノドンミサイルで日本列島全域を射程に入れた。ミサイル防衛というが専守防衛すなわち、我が国の領空上でしか迎撃できず、敵基地攻撃能力を持たずに有効なミサイル防衛はほとんど不可能である。それに対し敵基地攻撃能力を持てばミサイル防衛の能力は格段に向上する。

東京を狙って発射されたミサイルを日本領域に到達する前に撃墜することは憲法違反か。アメリカを狙って発射されたミサイルを我が国の領空上の宇宙空間で撃墜することは集団的自衛権の範囲内であるか、などと悠長な議論をしている場合であろうか。待ったなしである。

改正条項の改正などと騙し合いゲームに時間を費やしている暇はない。環境権や知る権利などで遊んでいる暇はない。辺野古の基地は環境権の侵害だ等の議論でことをややこしくするだけである。緊急事態規定は当然必要な規定である。しかし、現在の持ち出し方には、地震、台風、津波などの自然災害や原発事故などを連想させることにより、本来の目的を隠蔽しながら改憲に誘導しようとするお馴染みの姑息な手法が透けて見える。

最大の緊急事態は外国による侵略、戦争である。九条論議を避けて緊急条項をおいても、そもそも自衛隊は合憲かという議論を惹き起こすだけで、かえって逆効果になる。自然災害については、阪神淡路大震災や東日本大震災などの経験で一般法でもそれなりに対応できると国民は感じつつある。

憲法改正は政党間のゲームや数合わせではない。一番大切なことは、迷路に嵌まった憲法改正運動の態勢を立て直すことだと思われる。改正の本筋は何かを見定め、一番重要なことは何かを見据え、良質な憲法理論を一から構築し、そして地道な啓蒙活動を展開する必要がある。

改憲論者と護憲論者　ともに欠落する立憲主義

政治において、憲法生活において、もっとも重要な要素が立憲主義であることはいうまでもない。立憲主義という言葉の意味は広い意味と狭い意味の二義がある。広い意味では、立憲主義とは、様々な方法、技術によって、権力行使を実効的に抑制しようとする思想、方法を指す。狭い意味では、憲法、とりわけ権力分立や基本的人権の保障などを明記した近代憲法に立脚した政治を立憲政治、そうした思想を立憲主義という。

帝国憲法も、第四条に、「天皇ハ統治権ヲ総攬シ此ノ憲法ノ条規ニ依リ之ヲ行フ」と定め、立憲主義の思想を高らかに謳っていた。改憲論者が、国家の存立と立憲主義のどちらが重要なのかと開き直るのには感心しない。

この二者択一は、お父さんとお母さんのどちらが大切かと子供に聞いて子供を困らせる質問と同類の愚問としか言いようがない。どちらも大切だとしか答えようがないのである。お父さんが欠けてもお母さんが欠けても健全な家庭とは言えない。大日本帝国憲法を制定し、アジアで最初の立憲国家となったプライドを忘れてはならない。

確かに国家の存続は大切であるが、明治憲法制定前の国家に後戻りせよなどというのは暴論の極みである。憲法の条文を尊重しない国家など近代国家とはいえない。

憲法九条二項は、陸海空軍その他の戦力の不保持をうたっている。自衛隊はどうみても軍隊であり立派な戦力である。戦力といえない部隊なら無用の長物である。国家の主権と独立を守るために軍隊を持つことは当然のことであるから自衛隊を創設したことは正しい選択であった。順序としては、憲法を改正してから自衛隊を持つというのが正しいやり方ではあった。

旧敵国が目を光らせている中（国連憲章では我が国の方を旧敵国とよんでいるが）、また、GHQのWGIP（日本人に戦争の罪悪感を植え付ける作戦）と名付けた洗脳により、わが国民にも東京裁判史観が浸透している中で、占領終結後、直ちに憲法改正に着手することも困難であった。国防は待ったなしであるから、当時の政治家が自衛隊創設を先行させたことも「現実政治家」としてはやむをえなかったかもしれない。

というよりは、自衛隊の前身である警察予備隊は占領期間中にGHQの指令により作られたものであり自衛隊もその延長にあったのである。いずれにせよ、諸事情を斟酌しても、少なくとも自衛隊創設と同時並行して九条改正の努力が真面目かつもっと強力に行われるべきであった。責められるべきは、むしろ解釈改憲論によりこうした異常事態を継続定着せしめた御用学者達である。そして、解釈改憲はついに集団的自衛権の分野にまで及んだ。それと同時に九条改正はますます遠のいた。

悪貨は良貨を駆逐するというが、憲法学の世界でもこの法則は成り立つようである。奇抜な論理を駆使して自衛隊合憲論を唱える御用学者が首相周辺を取り巻く一方、理のある改憲論者は政府から遠ざけられる。平成二十七年の安保法制に関する証言を求めて与党が国会に招いた参考人が政府の意図とは正反対の証言をするという失態を犯し、また、官房長官が野党から合憲論の憲法学者を挙げよと追及され立ち往生するという醜態を見せた。憲法学者の中では安保法制合憲論者は数えるほどしかなく、首相、官房長官はいわば裸の王様であることを露呈した。

自衛隊や安保法制が違憲だから、或いは、限りなく違憲に近いから憲法改正論が説得力をもつのである。合憲なら、現在の憲法で何の不都合もないのだから、わざわざ反対を押し切ってまで憲法改正をする必要はない。

論より証拠、これまで、自衛隊違憲判決がでると改憲世論が高まり、合憲または統治行為論による司法判断回避という判決がでると改憲世論は下がっている。本当に改憲運動を推し進めようとするなら自衛隊合憲論者にはしばらく黙っていてもらって、違憲論をとる改憲論者に言論機会を与えることが必要なのではないか。

防衛省（庁）関連の教育研究機関等においては、自衛隊違憲の論文はもちろん、憲法改正を示唆する論文を書くと有形、無形の圧力がかかったものである。せっかく自衛隊が合憲と認められたのだから、余計なことをいってくれるなというのである。最近では、改憲論の立場をとるマスコミや、改憲団体等も、違憲改憲論に対しては門戸を閉ざしているように思われる。

私たちは、立憲主義を守れと主張することでは誰にも引けをとらない。ただ左翼護憲論者の同じ言葉には違和感をもっている。非立憲主義、非法治主義の最たるものは、革命とクーデターである。護憲論者の多くが、現行憲法が立憲主義とは全く異なる過程で成立したという事実に目を瞑ることはどう理解したらよいのだろうか。

日本国憲法の成立について宮澤俊義博士がいみじくも「八月革命」と表現したように、現行憲法は、改正手続きを全く無視した違法なものであった。宮澤の用語法に異を唱えるとすれば、国内勢力による違法、非合法な改憲行為を革命、あるいはクーデターというが、外国勢力、占領者による改憲行為は普通、『革命』とは言わない。素直に『占領』といえばいいのである。

敗戦、占領を『革命』や『解放』と表現するのは奴隷根性にほかならない。「敗戦」は不運なことであり、不幸なことではあったが、それだけでは必ずしも恥ずべきこととはいえない。「押し付け」憲法を受け入れたこともやむを得なかったかもしれない。恥ずべきは勝者に媚び、迎合し、「押し付け」「征服」憲法を「革命」などと表現した奴隷根性である。

そもそも、憲法の存在理由があるのかと思わせるほど際限なく解釈の範囲を広げる解釈改憲も問題であるが、立憲主義とは全く正反対の手続きで誕生した現行憲法に、「立憲主義を守れ」の旗印のもとにしがみつくのは滑稽としか言いようがない。

現代日本は、右も左も自分の姿が見えなくなるほど、非立憲、反立憲主義にどっぷりつかりきっている。征服者が作った日本国憲法、特に九条は、曖昧な国語表現で書かれているため多様な解釈が可能であり、際限のない解釈改憲が行われ、常に立憲主義の危険にさらされている。同時に厳格解釈は侵略勢力の野望を拡大させ国家を危機に陥しいれる。

曖昧といったが、曖昧と考えるのは希望的な勝手読みをしている日本人だけで、常識を働かせれば憲法の条文は、むしろ、明瞭な表現で、主権としての戦争、すなわち自衛戦争を禁止し、戦力の保持を禁止している。戦争の目的は相手を屈服させることであり、戦争の最後の詰めである占領の目的は二度と刃向わせないこと以外にはありえない。

ああだ、こうだと重箱の隅をつつくような文言解釈をやってみても、占領の本質を無視しては正しい解釈はできない。日本を非武装化し、その状態をできるだけ永続させることが占領の絶対条件なのだが、それをもろに出すわけにはいかないから、世界平和とか民主主義とか、きれいな装飾語で本来の目的をぼかすわけである。

敗戦国日本には強要しても、アメリカも、その他の連合国のどの国も、自国の憲法には、戦力不保持とか、自衛戦争の放棄とかを書いてはいない。それを世界に誇る平和憲法などと浮かれているのを外国人が見たら馬鹿だと思うであろう。しかしながら近隣の国家が非武装であったり、弱体であったりすることは周りの国にとってはそれだけ安全だし、領土を掠め取ったり、侵略することも簡単だから、馬鹿といわずに感心だねと褒めてくれるのである。

憲法九条の制定過程を冷静に検討してみると、綺麗ごと、世界平和などの美辞麗句の裏に隠れた真の意味がはっきりと見えてくる。そのことは、後で論ずるとして、とりあえず、控え目に現段階では九条の下では自衛戦争を行う権利や自衛隊の保持、集団的自衛権の行使について可能か否かが不明瞭と申し上げておく。

こうした状況下では、左右両翼による反立憲主義の連鎖と中傷合戦は永遠に繰り返されるであろう。反立憲主義の悪循環を止めるには九条の曖昧表現を改め、普通の日本人なら誰でも分かる条文に書き換える以外はないと申し上げておく。

実は、この本の中でこれから証明するように、外国人占領者が押し付けた九条は決して曖昧な表現ではなく、明白に戦力の保持を禁止し、集団的自衛権はおろか自衛隊の保持すらも禁止するばかりでなく、独立国家固有の権利である自衛権、国家主権まで否定しているのであること。そのことを明らかにすることと九条の改正を訴えることがこの本のテーマなのである。

無念の思いの風化と改憲論の劣化

平成十二年、国会で醜悪な事態が繰り広げられた。参議院憲法調査会に元連合国最高司令部民政局スタッフが招かれたときのことである。社民党福島瑞穂議員が、憲法草案作成に参画したベアテ・シロタ・ゴードン女史に対し、「日本国憲法をプレゼントしてくれてありがとう」と絶叫したのである。独立国日本の政治家としての矜持は一かけらもない。奴隷根性の極みである。

護憲派だけではない。平成六年読売新聞社により読売改憲試案が公表された。「This is 読売」特集号『日本国憲法のすべて』は読売改憲試案の基本的立場を解説したものであるが、その巻頭論文は、「日本国憲法制定から施行までの期間大多数の国民は空前の敗戦によって軍部の支配から解放されたという喜びにわきたっていた」と書き、日本国憲法の草案が占領軍総司令部によって書かれたことは周知のことであったが、「日本国憲法の説く民主と平和の福音は、まるで水が海綿に吸い取られるかのように、日本国民の圧倒的多数に受容された」とあきれるばかりのことを書いている。読売改憲論の思想的基盤も、宮澤の「八月革命説」におけると同様、敗戦と占領、そして日本国憲法は『解放』だったのである。

れたことは周知のことであったなどと嘘八百を並べ立てているが、長い間この事実は隠蔽されてきた。戦後、日本側では憲法問題調査会委員会で松本国務大臣を中心に憲法改正の作業が進められていたが、ＧＨＱはそれを全く無視して、民政局員だけでわずか一週間で独自に憲法草案を起草し、我が国に押し付けたのである。

この案に準拠して日本案を作成するように命じ、その際、多少の字句の調整は構わないが、基本原則と根本規範は厳格に守るようにと条件を付けてきた。ＧＨＱ民政局が示した英文で書かれた草案（通称マッカーサー草案）は、通し番号が付けられ、幣原首相や松本大臣、通訳官ら数名の関係者しか目にしていない。この草案は、外務省により仮訳がつけられ、その後二十カ所ほど法文的な字句の修正が加えられた和文の草案が閣議で配布されたが、これも極秘扱いで番号を付されたものが二十五部印刷され、閣議後に回収されている。

ＧＨＱの施設に一週間ほぼ軟禁状態で日本政府とＧＨＱとの調整、実態はマッカーサー草案の翻訳に当たった終戦連絡局次長白洲次郎は、自嘲的に「カンキンして強姦されたらアイノコが生まれたィ」と書き残した。差別的な表現というなかれ。耐えがたい無念の気持ちが伝わってくる。

後に白洲は、「この憲法は占領軍によって強制されたことを明示すべきであった」「我々は戦争に負けたが奴隷になったわけではない」とも書いている。また、白洲は「斯クノ如クシテコノ敗戦国最露出ノ憲法案ハナル『今ニ見テイロ』ト云フ気持抑へ切レス。ヒソカニ涙ス」と書き残している。

ＧＨＱと松本国務大臣等との折衝では激しい応酬があったが、肝腎な部分では我が国の主張はことごとく退けられた。その際彼らが用いたのは、それではマッカーサー元帥も天皇の身柄を極東委員会から守りきれないという脅し文句であった。

基本的部分ではマッカーサー草案とほとんど変わらぬような政府案条文が出来上がるわけであるが、政府が独自に起草したように偽装するため小細工を弄した。すなわち、まず、三月六日に箇条書きにした憲法改正草案要綱を発表し、四月一七日に条文化された帝国憲法改正案（政府案）を発表するわけである。

三月六日の閣議終了にあたって、幣原首相は「このような憲法草案を受諾することは極めて責任重大である。おそらく子々孫々まで責任が続くであろう。・・・だがこの場合大局の上からこの他行く道はない」と発言した。「戦争放棄」幣原喜重郎発案説に関し、喜重郎の長男道太郎氏は、父の無念の思いを逆なでする誉め殺しの陰謀であるとし、怒りをあらわにしている。「幣原は万斛の涙を呑み、占領下の総理としての非力を深く慚愧し、後世の批判を一身に背負い、自己の責任において、この一見変節的所見発表に踏み切ったのである」と

幣原の心中を代弁しているのである。閣僚の中には涙をぬぐうものもあったという。

戦後第一回総選挙に際して高知入りし、首相歓迎会に出席した吉田茂は、金森国務大臣のもっていた色紙を借りて、「新憲法　たなのダルマも赤面し　素淮《そわい》（イニシャルSYをもじった吉田茂の俳号）」と書いて、高知県知事西村直己に渡したという。揮毫嫌いの吉田が押し付け憲法を受け入れざるをえなかった屈辱の思いを酒の勢いでとっさに句にしてしまったというエピソードである。

この憲法草案が国会に上程された際、議員の間から無念の嗚咽が漏れたという。新憲法の出発は祝福ではなく無念の船出であった。

帝国憲法に殉じて自決した元枢密院議長清水澄博士の事件は壮絶である。清水博士は、昭和二十二年九月二十五日、熱海錦が浦にて入水自殺した。それに先立ち五月五日に認められた自決の辞（遺書）は次の通りである。

新日本憲法ノ発布ニ先タチ私擬憲法案を公表シタル団体及個人アリタリ
其ノ中ニハ共和制ヲ採用スルコトヲ希望スル人アリ
我カ国ノ将来ヲ考ヘ憂慮ノ至リニ耐ヘス
併シ小生微力ニシテ之カ対策ナシ
依テ自決シ幽界ヨリ我カ国体ヲ護持シ

今上陛下ノ御在位ヲ祈願セント欲ス
之小生ノ自決スル所以ナリ

森戸事件、滝川事件（京大事件）など一貫して学問の自由のために命をかけた筋金入りの自由主義者佐々木惣一博士は、貴族院での憲法改正案の採決に当たって、「たとえ死刑になろうと賛成できないと言って貴族院議員として反対票を投じた。

半世紀以上にわたって先輩たちは無念の思いを共有してきた。ところが、読売試案以後のにわか改憲論にはそうした無念の思いは微塵も見られない。国際貢献、新しい人権、ポスト・モダーン等々、歯の浮いたような文句が溢れかえるが、肝腎の主権回復はどこかにいってしまった。改憲派憲法学者西修氏によると、日本国憲法は古い順から数えて国連加盟国約百九十カ国中で十四番目だそうである。だからそろそろ憲法を変えるべきだという。憲法も最新流行のファッションに装いを変えようというのだ。

しかしながら、新興国家や政情不安定な国家の憲法が新しいのは当たり前のことである。我が国より新しい憲法を持つ国の大半は、日本国憲法制定以後に独立した国、または、革命やクーデターなど憲法を変えなければならない体制の変革を経験した国なのではないか。歴史や伝統のない新興国家の真似をして憲法を改正しても何の意味もない。

憲法は、歴史と伝統、確固たる国体精神に根差したものでなければならない。古い歴史を

持つ国が古い憲法を持つことは誇りであれこそすれ、何ら恥ずべきことではない。憲法は流行のファッションではない。改正が必要なのは何よりも敗戦によって押し付けられた憲法であること、そのため主権の観念が希薄なこと、民族と国家の精神的基盤が見えなくなっていることなのである。

解釈改憲は国民道徳を退廃させる

憲法制定時の無念の思いは、占領軍による洗脳政策（WGIP　日本人の心に罪悪感を植えつける計画）、半世紀にわたる日教組の反日教育の成功などにより完全に風化した。戦後世代の改憲論は、世界で何番目に古いから改憲だなどという子供騙しの理屈を展開するだけである。そこには、敗戦憲法受け入れ時の無念の思いは完全に消え去ってしまった。帝国憲法は悪、新憲法は善、マッカーサーとGHQは日本人を解放してくれた、ただ七十年の時間を経て不都合になった部分もあるから新しい服装に着替えるのだという論理である。

戦争責任の一切は日本にあるという東京裁判史観の延長にある改憲論である。当時の無念の思いを共有しない改憲論は、主権回復という原点を離れ、環境権、知る権利などのいわばどうでもいい条項の加憲から、酷きにいたっては天皇制を形骸化する首相公選制を目指す改憲案を提唱する者まで出現し、ますます混迷を深めている。憲法改正論は劣化の一途をたどり、品質低下を来している。

憲法九条の立憲主義を無視した「不誠実な解釈」については、政治家に関する限りは同情すべき側面もある。政治家は憲法に基づき国家と国民の安全を守る義務がある。憲法がその要件を満たしていないなら、その改正のために不断の努力をしなければならない。日本弱体化のためにGHQが押し付けた『日本国憲法』は、衆参各院の総議員の三分の二の賛成を改正発議の要件としている。正式な改正手続きを踏んで侵略に備えるのが本筋であるが、それでは間に合わないかもしれない。

国家か憲法かいずれかをとるという究極の選択を迫られ、いわゆる解釈改憲の誘惑に駆られることは責めきれない。ただし、仮に、国家存立のためやむを得ず無理な解釈を行ったとの言い訳は成り立っても、引き続き速やかに憲法改正に着手してこなかったことの責任は免れない。

しかしながら、憲法学者に言い訳は効かない。なぜなら、憲法学者が正しい文理解釈を怠り、必要の原則や不文の憲法に逃げ込むなら、永遠に憲法改正の機会はなくなるからである。国際法と不文の憲法から日本国憲法を無理筋で解釈するのではなく、日本国憲法の厳密な文理解釈をし、その日本国憲法が如何に国際法と不文の憲法原理に反しているかを説くのが憲法学者の義務であり、それが唯一の憲法改正の道につながるのである。

自衛隊合憲論、安保関連法合憲論をとる御用学者こそが憲法改正の最大の妨害者なのである。第二章、第三章で論ずる通り、第九条は、集団的自衛権はもちろん自衛戦争も自衛隊の保有も禁じていると解釈せざるをえない。自衛隊は日本国憲法第九条に違反しているが、日本国憲法自体が不文の憲法、国家が持つべき本来の憲法、固有の意味の憲法に違反している、速やかに日本国憲法を改正して本来の憲法に合致せしめよ、というのが我々共著者の見解である。

自衛隊がPKOに派遣されていた南スーダンにおいて、稲田防衛大臣の「戦闘」はあったが「法的な戦闘行為」はなかったという答弁をめぐって国会が紛糾した。政府見解では、自衛隊そのものが「憲法九条」の定める「陸海空軍その他の戦力」に当らない「実力」であるとされている。一般的な国語表現上の「戦争」と「法的な戦争行為」「憲法的な戦争」は意味が異なるとの説明が可能であるなら、憲法九条が破綻しているか国語が破綻しているかの何れかである。憲法を改正するのか、国語を改正するのか。

アメリカ大統領選に際し、アメリカでは、一九四九年に書かれたジョージ・オーエルの近未来小説『一九八四年』がベストセラーになっているという。この小説は、未来に来るだろう全体主義社会を赤裸々に描いている。モデルは究極の全体主義国家ソヴィエト・ロシアである。ここでは言葉の意味は全てサカサマになる。情報操作は「真理省」、戦争は「平和省」

が担当する。アメリカでの『一九八四年』の流行の原因は、黒を白と言い張り、それを「真実」にしてしまうトランプ政権の誕生にともなうアメリカ社会の病理現象だという。

しかし、こうした現象を他人事と考えて良いのであろうか。我が国では、九条に関して七十年以上もサカサマ言葉が支配しているのである。憲法は最高法規であり、とりわけ第九条は国家と国民生活の安全に関わる最も重要な規範である。その重要な場所でサカサマ言葉が蔓延し、恣意的、欺瞞的な憲法解釈が行われているのである。憲法用語、法律用語がサカサマ言葉に置き換えられ、歪曲された憲法解釈が横行すれば遵法精神は枯渇し、国民道徳全体の破綻へと波及する。

戦後日本の国家道徳を蝕むもう一つの要素はダブルスタンダードの保有である。日本は世界に誇る平和憲法を持った平和国家であって軍を保有しないし、自衛隊を海外に派遣することはない。他方、我が国有事においては米軍の日本救援を期待するという全く虫のいいものである。武器輸出は死の商人のなせる業であり、非道徳の極みであるといいつつ、武器輸入には何ら良心の呵責は感じない。軍事・防衛に関する日本人の道徳は完全に破綻している。

こうした矛盾は、日本国憲法が、占領下で、日本の永久的武装解除、日本の弱体化のために、占領軍によって骨格が作られたために生じたのである。日本国憲法は、日本をアメリカの敵にならない国家、できればアメリカの属国とするために作られた憲法であるからである。

占領は別の手段による戦争の継続であり、戦争目的の完結である。日本国憲法、特にその第九条はアメリカの戦争目的の結晶であったわけである。そのような状況が七十年間続いてきたのである。このような状況から脱却するためには、第九条を全面廃棄して主権を回復するほかないのである。

冒頭で改憲世論は平成になって以後最低となり、絶望的であると述べた。ただ、原因は姑息な手段で改憲を進めようとした安倍政権のオウン・ゴールによるものであって、運動方針を転換すれば再逆転は不可能ではない。

昨年（平成二十八年）七月、朝日新聞は集団的自衛権に踏み込んだ安保関連法案に関して、憲法学者を対象としてアンケート調査を行った。調査に応じた憲法学者百二十二名中、百四名が憲法違反だと答えた。憲法違反でないと答えたのは二名であった。紙面（その後朝日デジタルでは報じられた）では報じられなかったが、百二十二名中、五十名が自衛隊自体を憲法違反であると答え、二十七名が憲法違反の可能性があると答えた。六割以上の憲法学者が自衛隊保有自体を違憲と見ているのである。

新聞社の世論調査は、特定の政治的意図をもって行われることが多いといわれる。圧倒的多数の憲法学者が集団的自衛権違憲との解釈をしていることは、朝日の思惑通りかもしれない。しかしながら、憲法学者の六割が自衛隊そのものを違憲と回答し、朝日がそれを報道しなかったことにこそ改憲運動のヒントがある。大部分の国民は自衛隊の必要性を認めている。

国民は愚かではないから自衛隊の保有が憲法違反ということになれば、世論は改憲の方に向かうことになるだろう。朝日はそれを恐れてアンケート結果を隠蔽したのだと推測される。だとすれば朝日が一番恐れていること、朝日が隠そうとするものを国民の前にさらすこと、憲法九条の文理解釈から自衛隊が憲法違反であることを明らかにすることが、憲法改正の唯一の道であるといえるであろう。

昭和二十二年、文部省は『あたらしい憲法の話』と題する中学生向け教科書を作り、「こんどの憲法では、けっして二度と戦争しないように、二つのことを決めました。その一つは、兵隊も軍隊も飛行機も、およそ戦争するためのものは、いっさいもたないということです。これからさき日本には、陸軍も、海軍も空軍もないのです。これを戦争の放棄といいます。『放棄』とは『すててしまう』ということです」と教えた。

憲法学者が言っているのではなく、他ならぬ文部省が言っているのである。それから七十年、安倍首相は、「憲法学者の七割は、自衛隊は憲法違反だと言っている」などとまるで他人ごとのようなことを言っている。歴代政府が虚構と虚偽を積み重ね、憲法改正をさせたくない朝日新聞も歴代政権に協力して隠蔽の片棒を担いでいるいというのが現実である。教師は生徒に対し、嘘つきは泥棒の始まりだと教える。政府と朝日新聞が最後にたどり着く先は何なのであろうか。

ジョージ・オーエルの『一九八四年』が描いたサカサマ言葉の世界が現実になっている。オーウェルの直接のモデルになったソヴィエト帝国は、道徳の破綻した究極の全体主義国家を完成したがやがて崩壊した。このまま、国家存立の根幹にかかわる問題について、解釈改憲とこじつけ解釈を続けるなら、教育の荒廃と道徳の退廃によって日本は亡国の道をたどるのではないだろうか。

第一章　国家と憲法

国家とは何か

我が国の社会学の父といわれる高田保馬は、名著『国家と階級』において、「国家は最小限の姿において何であるか。それは、防衛の組織である。」と述べている。「国家は見えざる家である。見えざる防衛の設備である。」というのである。

「國」という漢字は、「囗」と「或」の合字であるという。「或」は、クニの四方を象る口と土地を表す一を武器の戈（矛）をもって守ることを意味し、単独でクニを意味したが、国境を守る兵士が敵の襲来を恐れる心理から「或《まど》う」の義に転用したため、さらに「囗」を加えて「國」としたといわれる。王の支配するクニが国となる。国は國の俗字である。そう考えると國という文字に防衛という意味が含まれているわけで防衛が国の本質に関わることが分かる。

個人に基本的人権があるように、自衛権は国家の基本的権利である。個人が基本的人権を奪われたら、人間としての尊厳が保たれないのと同じように、国家の自衛権を否定することは、国の本質を否定すること、国家固有の権利を否定することであり、国家の存在理由を否定することになる。

英語で国家を表す代表的な用語としては、ステイトとネーションがある。日本の憲法を考えるのに英語の国家を持ち出すことに違和感を持たれるかもしれない。あまり論じられていないが、この二つの国家を表す用語のニュアンスの違いは日本国憲法九条を考える際に重要であろうと思われる。日本国憲法の原案は、占領軍総司令部の民政局によって英語で書かれ、それが日本語に翻訳されたからである。日本語を英語に翻訳したのではないのである。

日本の憲法を英文から解釈することは甚だ不本意であるが、日本語で憲法の条文の意味が分かりかねるとき、英語の意味を考えると明確になるからである。九条一項の「国権の発動たる戦争」は英文では war as a sovereign right of the nation ウォー・アズア・ソヴァレン・ライト・オブザ・ネーションとなっている。ステイトではなくネーションといっているのである。他方、憲法四一条で、国会は「国権の最高機関」という場合は、highest organ of state power ハイエストオーガン・オブ・ステイト・パワーとなっている。

ステイトは、ラテン語（古代ローマ語）のステイタスに由来する言葉で、最初は、一人の人や集団の地位の意味で用いられ、やがて、国家は、高い身分や威厳と一体のものとして認識されるようになった。そして、ローマ帝国が征服国家であったため国家（ステイト）を権力組織としてとらえる国家観が確立した。

ちなみに帝国（インペリウム）という言葉はインペリト（命令する、支配する）という動詞から来ている。私は、ステイトの語をもって表現されるような国家観を人為的国家観と呼んでいる。今日、政府や統治組織をさして国家という場合はステイトを用いる。国家を相手取って訴訟を起こすという場合の国家はステイトである。

それに対し、ネーションは、古代ギリシャ語やラテン語のナツィオ由来の言葉で、「自然、出生、本性」等を意味するナチュラ、「土着の」を意味するネイティブなどと語源を同じくする言葉である。沖縄に派遣された大阪の機動隊員が辺野古へリパット建設反対派の沖縄住民に対し、「土人」という差別用語を用いたとして非難される事件があったが、「土人（ネイティブ）」は「土着の住民」の意味であってそれ自体は差別用語ではない。

ただし、反対派に唾をかけられ、「帰れ」「権力の犬」などと罵倒される状況で、怒りにまかせて「土人」と叫べば侮蔑語となるであろう。最大限の敬称である「貴様」という言葉が喧嘩をしている相手には侮蔑の言葉となるのと同じである。ネイティブの先生に英語を習うという場合、英語圏の国に生まれた人をさす。帰化して別の国の国籍を取ることをナチュラライゼーション（自然化）という。帰化とは、その国に溶け込むこと、自然化することをいう。蓮舫民進党党首の二重国籍問題が話題になったが、彼女は日本国に真に溶け込んだのであろうか。日本国と運命を共にする覚悟があったのであろうか。

国籍のことをいうと排外的な差別主義者のように非難されるが、政治家は公人であるから国籍のことははっきりさせなければならないのは当然である。アメリカでは、出生時にアメリカ人であった者でなければ大統領にはなれない。副大統領就任についても国籍取得から何年と憲法で明確に定めている。

日本では、国籍さえ取得すれば誰でも首相を含めすべての公職に就任する資格はあるが、国民が、最低限、当該政治家が国家と運命を共にする覚悟があるかどうか、選挙を通じて判断しなければならないことは同じである。政治家という公人については、国籍問題はプライバシーの問題ではなく、公的な問題となる。特に、帰化の事実を隠して日本名を名乗っている政治家については注意する必要がある。

私は、ネーションの語をもって表現されるような国家観を自然的国家観とよんでいる。ネーションは、歴史と伝統の共有によって醸成された自然な国家を指す。また、歴史的に形成された国民や民族をもさす。

国家の精神的基盤または国体

従来、政治学や国法学においては、人民、領土、主権が国家の三要素といわれてきた。しかしながら、このいわゆる国家の三要素を単なる「もの」としてとらえてはならない。意外に思われるかもしれないが、実証歴史学の祖といわれるL・ランケは、『世界史概観』の中で、「かつていかなる国家も何らかの精神的基礎と精神的内容を持たずに存在したものはない、歴史の課題はかかる生命の認識にある」と述べている。

わが国では、幕末に水戸学者といわれる人たちが日本国の精神的支柱、国の背骨となる思想は何かということを「くにがら」という言葉を使って考察した。ただ、國體という漢字をもって標記し、「くにがら」と訓読した。支那の國柄という漢字は「横柄」、「柄臣」など同様、権力的なイメージがあり、国語の「くにがら」と用法が異なっていたからである。そこで、國體という漢字を「くにがら」と読ませ、日本固有の思想を考察したのである。

しかし「國體（くにがら）」は、やがて「國體（こくたい）」と音読みされるようになる。他方、明治になるとドイツ憲法学の国体（シュターツフォルム）という言葉が入ってきて、主権の所在から国家の形態を論ずる憲法理論との混同が起こった。

東大の憲法学の教授であった筧克彦博士が、本来の「くにがら」の意味と我が国の「くにがら」について解りやすく説明しているので紹介したい。「くにがら」は「くに」の「から」である。「から」は「全一」または「全一の著しい表現」である。全一というのは物事全体としての品格、体裁、成立事実、成立事情をさす。人柄、日柄、所柄などといえば、人、日、所、それぞれ全体としての品格、風格、性質をさす。

方向を示す「から」は、その方向全体のことをいう。「から」は、また「全一の著しい」表現をさすのに用いられるが、「なり」と「から」の合成語である「ながら」は、もっぱら「全一の著しい」表現をさすのに用いられる。「ちから（力）」は「血」の「から」であり、力、生命の全一を著しく表現するものは「血」にほかならない。

昔「ながらの」山桜花といえば、今咲いている山桜花を眺めながら昔の全てが走馬灯のように思いだされるという状況が浮かんでくる。「くにがら」とは日本国全体としての品格、体裁、成立事実、成立事情であり、天皇がそれら全体を著しく表現する我が国のありようをさす。万世一系の天皇ほど、明確に二千年の歴史を持つ日本国の全一を明確に表現するものはない。

明治末期から、大正、昭和前半期に行われた国体論争というものがある。上杉慎吉博士等は、天皇は主権者であると主張した。美濃部達吉博士は、天皇は機関であって主権は国家にあるといった。両者は、激しく対立したものの、ともにドイツ理論の受け売りであり、ドイツ国法学の代理戦争に過ぎなかった。

わが国には、統治を表す言葉として「シラス」と「ウシハク」という二つの観念がある。天皇統治はシラスであり、神の意志を知ることにより、自ずと民の心服を集めることをいうのに対し、ウシハクは英語の「ガバーン」や「オキュパイ」と同様、権力を行使することである。筧克彦博士は、西洋理論では我が国固有の国体を説明することはできない、天皇が主権者である、ウシハカル方であるなどという失礼な観念は古来わが国にはない、として上杉博士らを批判したのである。見事な説明と言わざるをえない。

憲法と国家主権

主権 sovereignty という言葉は、古代ラテン語のスペラナス superanus という言葉に由来するといわれる。スペラナスは、今日の主権とは違って、梯子の最上段とか最上位者の意味で使われてきた。それがイタリア語のソヴラノ sovrano を経て、フランス語のスブレヌテ souverainte や英語のソヴァレンティ sovereignty になったといわれる。

この言葉は、当初は、国王、国家などと同義語、あるいは類似語として用いられていたが、フランス人ジャン・ボーダンが、この言葉を用いて王権の絶対性を主張して以来、別の内容を持つようになったのである。ボーダンは、主権の絶対性、不可侵性、不可分性という概念を導入した。ボーダンによれば、国家と家族は他の点では共通しているものの、国家が主権的存在であるという一点で区別されるという。

家族はどんなに大きくとも国家になれないのに、国家はどんなに小さくても国家である。小国の国王でも、世界の最大の君主と同様主権者であるという。あらゆる国家には、それ自身、法の制定者であるが、自らは法によって拘束されない最高権力がなければならないという。最高権力または主権は、国民及び統治者に対する最高にして、絶対的、かつ永久的な権力であるとされる。

ボーダンの主権論は、絶対王権を正当化する理論として作られたことがうかがえるであろう。ヨーロッパにおいては、教権と俗権の、すなわち、ローマ教皇と国王の覇権争いがあった。教皇の権力に対抗するため、国王の権力の絶対性を主張する必要があったのである。

国王の権力に対し、人民の権力が台頭するようになると国民主権の観念が生まれた。いずれも、主権者の権力を絶対不可分のものと説明するわけである。しかしながら、現実には絶対でないからこそ、正当化のために絶対という、いわば擬制の理論に過ぎないのである。国王主権も国民主権も現実を適切に説明するものではなく、いわば宣伝のための理論に過ぎないのである。他方、権力制限という広い意味の立憲主義のもっとも有効な手段である権力分立は、主権を立法・行政・司法に分割し、それぞれに抑制と均衡の体系を作ることにある。

先に、上杉・美濃部国体論争、すなわち、天皇は主権者なりや否やの論争について紹介したが、この論争は、ヨーロッパの理論を固有の歴史を持つ日本に無理やり適用しようとしたため起こった不毛な論争であった。帝国憲法起草にあたって、プロシャから招かれた法律顧問ロエスレルは、天皇が主権者であることを明記するように強く助言したのに対し、井上毅はそれを強く突っぱねたという事実もある。井上は、日本の歴史、古典を深く研究した結果、我が国の天皇統治は権力支配を意味する「ウシハク」ではなく、道徳的感化を意味する「シラス」であると考えたからである。

とはいえ、ボーダンの主権論は、究極的には国家のみが「合法的に」物理的強制力を行使しうるという統治組織としての国家の性質、国家の法的性質を明らかにしたという功績は認めなければならない。

ボーダンの主権論は、グロティウスによって、独立、対等な主権国家同士の関係を基本とする国際法の理論へと発展する。独立国は、主権国家として互いに対等であり、自らの自国の安全に責任を持つとともに、互いに他国のことに干渉しないということが原則となる。対内主権の理論は、もともと擬制であり、権力の制限を志向する立憲主義とは相いれない。主権の理論は対内主権の問題として始まったわけであるが、主権問題はむしろ国際関係を考える場合、国家の自主性、独立性、対等性という問題を考える場合に極めて重要な意味を持っている。世界政府、世界連邦というものがない以上、各国は自らの安全と名誉ある生存を自らの責任において守らなければならない。

もちろん国際関係においても、国家は無制限な絶対的権力を保有するということではなく、国際道義を尊重し、国際法を遵守しなければならないが、国際法は、国内管轄事項については内政不干渉の義務を課している。国の憲法制定権のことをさして主権という場合があるが、この憲法制定権は他国の干渉が許されない国内管轄事項であり、最高の国家主権であることは当然である。占領下で、しかも他国の押し付けによって一国の憲法が制定されるということは、最大の主権侵害であり絶対に許されることではない。

日本は、昭和二十年八月、ポツダム宣言を受諾して降伏した。この降伏の性格については議論のあるところであるが、ポツダム宣言の十三項目に『全日本軍隊』の無条件降伏とあること、少なくともポツダム宣言の項目自体が条件になっていることから、理論的には条件付き降伏と見るべきである。

日本政府は、ポツダム宣言は「天皇の統治大権の変更要求を含まぬものとの了解のもとに同宣言を受諾す」と通知したが、「天皇と日本政府とは連合国最高司令官の支配下（サブジェクト・トウ）に入る」とのバーンズ回答によってその要求は却下された。すなわち、国体護持の担保を明示させることに失敗したわけである。日本側の唯一の条件が却下されたことから無条件降伏という誤解が生じたと思われる。

このことは、後の憲法改正案の内容に大きな影響を与える。もともと、統治の根幹にかかわる制度を占領下で変更すること（その最大のものは憲法改正であるが）はハーグ陸戦条規で禁じられている。憲法改正の内容に関し、国際法違反の密室交渉がＧＨＱとの間で繰り広げられるわけであるが、日本側は国体護持が唯一最大の条件であることを晒した上で、言い換えると手の内を全部晒した上で、第二の条件である主権の保持、自衛権の確保について譲歩させられるわけである。

手牌を全部晒した上で麻雀ゲームをするようなものである。マッカーサーと民政局は、日本が戦争放棄、主権放棄しない限りは天皇の身柄は保証できないと脅迫するわけである。その際、マッカーサーは、自分は天皇を真剣に護ろうとしているが極東委員会が黙ってはいない、ソ連やオーストラリアを抑えきれないとやるわけである。

天皇は日本国民の精神的な柱であり、天皇が戦犯にかけられれば日本は心棒を失ってすぐに崩壊する。人質をとって自らの要求を通そうとするのはテロリストと同じ手口であるが、テロリストの場合はやむをえない弱者の手段で多少の同情の余地もあるかもしれない。しかるに圧倒的強者アメリカが、かような卑怯な手段を用いたわけである。しかしながら、国際関係というものは所詮弱肉強食の世界で、国際法や国際道義など本当は通らないのかもしれない。

ソ連などは中立条約を干犯し、しかもポツダム宣言受諾後に侵入し領土を略奪したわけであり、しかもヤルタの密約でソ連の国際法違反を唆したのは英米だったというおまけまでついている。彼らは、どんな顔をして世界平和や国際正義を語っていたのであろうか。そして、どんな顔をして日本の「侵略行為」を糾弾していたのであろうか。

本末転倒の九六条先行改正論

日本国憲法第九条一項は「国権の発動たる戦争」を永久に放棄している。英文では「war as a sovereign right of the nation ウォー・アズア・ソヴァレンライト・オブザ・ネーション」を放棄するとなっている。正しい訳は、「国家の主権の一部」である戦争である。マッカーサー草案を示されたとき外務省は、「国民の一主権としての戦争」と訳した。松本憲法担当大臣は「国家の一主権としての戦争」と訳している。

松本訳は普通の訳だが、外務省の訳は、英文が「主権 sovereignty」の権利性を強調して「決して奪うことのできない固有の主権的権利 sovereign right」といっているのを受け、神聖な民族の権利という意味を強調して国民と訳しているのだろうと思われる。いずれにせよ、「war as a sovereign right of the nation」の放棄とは国家の基本的権利である主権を放棄するという、とんでもないことを言っているのである。

平成二十三年ころから、改憲派が九六条先行改正論に転じたが、これは、九条護持派に、やれ裏口入学だとか、やれ本音隠しの改憲論であり胡散臭いだとかの絶好の攻撃材料を与え、かえって憲法改正をますます遠くしてしまったことを指摘した。正面から九条改正を旗印に戦えば極めて真っ当な主張と認められたのに、何かやましいことを狙っているという宣伝材料にされてしまったのである。しかしながら、先行改正論は戦術的な問題だけではなく、あるべき憲法について本質的な問題を提起したといえる。

九六条先行改憲を唱える中で、改憲論者百地章日大教授（当時）は、九六条改正の国民投票によって歴史上初めて「国民主権が果たされる」といった。現憲法が国民主権であるかは議論のあるところだが、百歩譲って国民主権であるとしてもプープル主権ではない。

フランス憲法論争において「ナシオン主権」と「プープル主権」の論争がある。「ナシオン主権」においては主権者国民とは抽象的、歴史的な概念としての国民であるが、プープル主権における国民は究極的には人民投票における多数者意志をいう。

当該九六条先行改正論者は、ルソーや杉原泰雄氏のように、人民投票の結果が全てで、改正論が最終的な国民意志であるとするプープル主権に洗脳されてしまっている。むしろ、先行改正論者の方が九条の会よりも革命家としては先行することになったといってもいい。

日本国憲法第一条には、「天皇は、日本国の象徴であり日本国民統合の象徴であつて、この地位は、主権の存する日本国民の総意に基く」とある。このことをもって主権在民とか、国民主権といわれ、極端な場合には、天皇の御代替わり毎に国民投票が必要などという愚論が行われている。

三潴信吾元高崎経済大学長によれば、このような誤解は、英文翻訳に際しての誤訳に基づいているという。「主権の存する国民」は、英文では the people withwhom resides sovereign power である。三潴信吾元学長は、people が単数形であることと、定冠詞がついていることから people は選挙権をもつ個々の国民ではなく歴史共同体としての国民をさすとしている。

すなわち、ハーグ陸戦条規に違反して改正憲法を押し付けたという後ろめたさからGHQは、この憲法は主権国家の国民である日本人が自ら定めたものであると言い訳をせざるをえなかった、そして天皇の地位、すなわち、天皇を国家と国民統合の象徴とする我国体は、日本民族の長い歴史の中で自然に形成されたものであることを認めざるをえなかった、というのである。

reside in ではなく reside with であることも、この説を裏付ける。主権が天皇にあるのか国民にあるのかという二者択一なら、排他概念を表現する reside in になるが、reside with は共存、共有を表わす。ちなみに、「総意」は general will の訳であり、全員一致とか多数決で示される国民意志ではなく、歴史の中で形成された国民の一般意志である。GHQによる押しつけであったにもかかわらず、国体は辛うじて護持されたのである。むしろ、現在の九六条改正論者よりも当時のアメリカ人の方が我国体を理解していたとさえいえる。

戦後の教科書では、「明治憲法下では天皇が主権者であったが日本国憲法下では国民が主権者となった」などといわれているが、明治憲法には、天皇は主権者なりなどの条文は一切ない。明治憲法制定過程で、ドイツ人法律顧問のロエスラーは起草作業の中心にいた井上毅に天皇主権を明記すべしと強く助言したが、井上は、主権という考えは我が国の伝統にそぐわないとして突っぱねた。明治二十年の井上の憲法初案草稿には、「大日本国ハ天皇ノ治ス《シラ》所ナリ」とあった。

シラスは、実力による支配、権力（西洋語のガバーンやオキュパイ）を意味する古語のウシハクの反対語であり、神の意志を知ることにより自ずと畏服せしめることを意味する。最終的には帝国憲法第一条は「万世一系ノ天皇之ヲ統治ス」になったが、意味する所はシラスということに他ならない。前述した通り筧克彦博士は、「天皇が主権者であるなどという失礼の観念は古来之なきこと」であると書いている。

主権についての議論が少し長くなったので、この辺で少しまとめてみる。主権には、国内主権の側面と対外主権の側面がある。主権論を社会科学に導入したのは十六世紀のフランスの思想家ジャン・ボーダンである。

主権とは、最高、絶対、不可分の権力である。一国内では、国王が主権者か、人民が主権者かというようなレベルの問題となる。ボーダンは、ローマ法王に対する国王の権力の優越性を主張するために主権論を構築し、国王の権力の絶対性を主張した。絶対王政に代わって民主主義が台頭すると、国民主権、人民主権論が生まれる。ところが、国王であれ、貴族であれ、人民であれ、政府であれ、議会であれ、いずれかの機関、または勢力がすべての権力を握ってしまったのでは独裁になり、市民的自由は圧殺される。

民主主義とならぶ近代のもう一つの政治原理は、広い意味の立憲主義である。立憲主義とは、権力を分割し相互に牽制し合い、均衡と抑制の体系をつくることを求める。絶対、不可分のはずの主権を三つにも四つにも分割し相互に牽制させるのである。すなわち、立憲国家においては、主権とは元々擬制であり、神話なのである。

立憲君主国であるイギリスにおいては、「議会における国王」（キング・イン・パーラメント）という観念が確立していて、主権者が国王であるか国民であるかという問題は起こらない。あえて言えば、主権は議会にあるといわれる。議会とは、国王と庶民院（衆議院）、貴族院（上院と最高裁判所の機能をあわせもつ）の複合体であり、ここにおいて議会、国王、国民が融合するのである。わが国では、天皇統治を神の意志を知るに由来するシラスという観念があり、また、君民一体という観念があり、天皇と国民は一心同体なのだから、主権が天皇にあるのか、国民にあるのかという議論は無意味である。

それに対し、国際社会においては、世界のすべての国家を統治し、世界中の平和と安全を保障する世界政府、連邦政府というものは存在しないから、各国は第一義的には、自らの責任において防衛し、自国民の生命と自由、その財産を守らなければならない。対外主権、国家主権とは、独立国家の神聖な基本的権利であり、自衛権はその最も重要な権利である。国民が、それぞれの所属する国家において、生命、自由、財産などの侵すことのできない基本的人権を持つのと同じことである。英文からは、九条はどうみても主権放棄としか解釈できないから、我が国は奴隷国家であり、あるいは国家とさえいえない存在といわざるをえない。

九六条の改憲条項の緩和という問題について少しだけふれてみる。一般論としては、両議院それぞれの三分の二に加えて国民投票というのは厳しすぎるとはいえるであろう。とはいえ、護憲派もバカではないから九六条改正の次には九条改正が隠れていることくらいはわかる。さらに、姑息とか、胡散臭いなどの逆宣伝の材料も与えることになる。だとすれば、改正の必要性が高いものから変えるのが正攻法である。

ところで、憲法の条文には自ずと軽重の差がある。とりわけ、国家、したがって憲法の存在理由に関わる条文は、改正にあたってより慎重に扱われなければならない。第一に、憲法は国家の基本法である以上、国体、すなわち、国家の精神的基盤、基本的価値観に関する条文は最も重く、その改正には最も慎重であるべきである。第二に、安全保障など国家そのものの存立に関わる条項である。あまり意識されていないが、第三に、国家の構成員の変更につながる条項についても慎重であるべきであろう。国民の要件を操作することによって国家の合法的乗っ取りも可能だからである。これらに三つについては、改正に関し特別の配慮と制限が加えられるべきである。具体的には、条文ごとに改正要件を定めるべきだが、順番を明確にしにくい場合は重いものに合わせ憲法全体を硬性化することになる。

国民主権、平和主義、基本的人権の保障のいわゆる日本国憲法の三原則を、改正自体が許されない改正の限界とし、あるいは改正に特に高いハードルを設けるべきだとする見解もある。ただし、国民主権がはたして日本国憲法の本質なのかは疑問を述べた通りである。アメリカが押し付けた戦争放棄は、日本を弱体化させようとする不純な動機に基づくもので、憲法改正の限界とすることは問題外である。

基本的人権の保障と権力分立を定めることが近代憲法だといわれるので、第四に、近代憲法の要件である人権保障と権力分立を加えたいと思う。ただし、あくまでも基本的人権の保障であり、近代憲法成立時に強調された人身の自由や表現の自由が該当するのであり、人権といわれるものすべてをさすわけではない。

そして、第五に改正条項の改正である。なぜなら、改正条項を操作することによって、これらの制限を無力化する可能性があるからである。会社の定款であれ、組織の規約であれ、改正に関する条項については、他の条項よりも改正の要件を厳しくする例は少なくない。

もちろん、手続き条項である九六条を改正することが常に問題視される訳ではない。しかし、特定の条項を改正するために手続き条項改正を先行させることは、法治主義や立憲主義の精神に反する可能性はある。

手続き規定の先行という手法は、ロシアや中国などの独裁国家において多用される手法、すなわち、プーチンや習近平など、特定人物の選出を念頭に、まず、任期延長や多選禁止条項緩和などの選挙規定を先行させ、しかる後に当該人物を選出しようとする方法と似ている。形式的には法治主義の形を装うが、実質的には立憲主義の趣旨にそぐわない。そうしたことから、九条改正の意図を隠した九六条改正先行論が、姑息だ、反立憲主義的だ、胡散臭いとの批判を浴びたのは当然のことであった。

九六条改正の是非は別として、九条改正を後ろに引っ込めて改正手続きを論ずるという手法に国民は危なっかしさを感じたのである。九条改正論議がようやく熟してきたときに、手続き規定である九六条先行改正論を持ち出すことによって、九条改正の機運は急速にしぼんでしまった。いきなり九条改正は困難との判断は誤りであって、難しい問題ほど正攻法で向かわなければならない。

あれから二年、今ほど国際緊張が高まっている時期はない。九条改正の正攻法で地道に運動を進めていれば、状況ははるかに良かったはずである。先行改正論というオウン・ゴールによって失われた十年を取り戻し、所期の目的を達するためには、姑息な手段を用いず、愚直に九条改正一直線に進むべきである。

明治憲法は、改正の要件を、三分の二以上の議員の出席する両議院でそれぞれ三分の二以上の多数を獲得することとしている。国民投票は、要件としていない。ちなみに、先進八カ国（G8）で、現在、国民投票を要件としているのは日本のみである。OECD（経済開発協力機構）参加国三十四カ国で国民投票を要件としているのは、日本以外には立憲国家、法治国家とはお世辞にもいえない韓国など五カ国である。

国際標準に従って改正要件を緩和するなら、国民投票こそ廃止すべきである。国民投票廃止は、共和主義の進行とポピュリズムの蔓延に歯止めをかける効果もある。世論の風向きが変わるたびに、政権が変わるたびに、毎年のように憲法改正のための国民投票が行われるなどという状況は、決して健全な立憲国家のものとは言えない。

平成十二年の日本世論調査会の調査によれば、国民の実に八七パーセントが首相公選制に賛成、同時期に「新しい日本を作る国民会議」が行った調査によれば、国会議員の五四パーセントが首相公選制を前向きに検討すべきであると答えた。九六条改正実現の後には、九条改正など吹っ飛び、首相公選制に一直線に突き進み、やがては日本共和国になるであろう。共産党の念願がかなう日が来そうである。

以上のことをまとめれば、九六条の改正要件は、厳しすぎる面もあるが、九条改正に先行させるべきものではない。九六条は、九条改正の足かせになっているともいえるが、国体（天皇制）擁護の防御壁という側面もある。九六条改正の国民投票によって歴史上初めて「国民主権が果たされる」などと国民主権で護憲論者と競う結果、共和制への道を踏み出すことがあってはならない。

憲法違反の日本国憲法

憲法、国家、主権は三位一体である。いずれが欠けても十全な憲法とはいえない。そして、憲法は国家の基本法である。成文憲法典があるかどうかに関わらず、国家の存在するところ広い意味での憲法がある。これを、固有の意味の憲法という。通常、我々は成文憲法、あるいは一つの憲法典の形でまとめられた憲法のみを憲法として認識している。これは狭義の憲法である。

国家あっての憲法であるから、憲法の規定を順守して国家の滅亡を座して待つことはできないという主張を否定することはできない。たしかに、憲法九条を厳密に解釈していたら、戦後日本は、外国の侵略を受け、領土を失い、豊かな国民生活がなかったであろうと思う。日本という国さえ存在していなかったかもしれない。防衛力をもたなかった時期に、韓国のような弱小国によって我が国固有の領土竹島を略奪された。今日、中国は尖閣の領海をしばしば侵犯し、沖縄独立運動をしかけ、やがては中国への併合に結び付けようと虎視眈々と狙っている。

国家存立のため「必要最小限」、というよりは「必要十分な」軍事力によって侵略に備えなければならないことはいうまでもない。しかしながら、憲法の何れかの条文に欠陥があり、その是正を論ずる場合に、願望的解釈を優先し、憲法上も、国際法上も、自衛権が存在することは自明であると主張しても意味はない。当該条文の文理的（国語的）解釈を正しく行い、その不当を正すという作業が不可欠である。

個人の基本的人権が奪うことのできない人間固有の権利であるのと同様、国家の自衛権は奪うことができない神聖な権利である。自衛権を奪われたとき国家は国家でなくなる。ましてや自ら自衛権を放棄するなどということはありえない。個人に自由権があるから自殺する権利もあるなどという議論がナンセンスであると同様、国家が自衛権を放棄する権利があるなどの議論は全くナンセンスである。

ところが、以下論証するように日本国憲法という名前のついた「憲法もどき」のものには、自衛権を放棄していると解釈せざるをえない驚くべき条文が存在するのである。それが憲法九条、特にその第一項である。

憲法九条が固有の意味の憲法に反することは明らかである。もし、成文憲法（日本国憲法）が文理上自衛権を否定しているなら成文憲法の方が憲法違反であり、廃棄する以外ない。しかし、まさに成文憲法の欠陥が問題になっているとき、成文憲法と固有の意味の憲法の乖離が問題になっているとき、「『憲法上』も『国際法上』も自衛権を否定していない」と主張しても意味がない。

狭義の憲法（日本国憲法）を国語の文理に忠実に従って素直に解釈するという作業を行った上で、対応策（改正）を考えなければならない。自衛隊が合憲か違憲かという問題はあくまでも「日本国憲法」にてらし合憲か違憲か、なのであって「独立主権国家に固有の」普遍的な憲法にてらして合憲か違憲かなのではない。ましてや、自衛隊が必要か否かではない。自衛隊合憲・違憲論争において合憲改憲論者が、普遍的な憲法や国際法を持ち出すのは全くのピント外れであり、当たり前のことを述べて論点をそらしているだけである。

自衛隊は「日本国憲法」違反であるが、その「日本国憲法」とは名前は憲法であっても、実態は国家否定の「憲法もどき」にすぎず、普遍的な憲法に違反しているのである。国家と国民の生命を命賭けで守るという崇高な任務を担った自衛隊を「（日本国）憲法違反」というのは大変つらいところではある。ましてや、警察官などと同様、自衛官など全ての自衛隊員が着任にあたって「日本国憲法」を遵守することを宣誓させられる。

しかしながら、その日本国憲法自体が、ＧＨＱにより押し付けられた「憲法もどき」に過ぎず、普遍的な憲法に違反しているのである。姑息な解釈改憲により合憲と言いつくろっても抜本的な解決にはならない。正々堂々と九条を全面改正（廃棄）することによって不文の憲法律と成文憲法の乖離を埋める以外に自衛隊の名誉確立の方法はない。

第二章　売国の憲法第九条

Ⅰ　占領と日本国憲法

占領開始とＧＨＱによる改憲指示

現行憲法は、ＧＨＱ民政局が作成した、いわゆるマッカーサー草案が原案となった押し付け憲法であるが、我が国にも敗戦後日本人自らが憲法改正案を作成したことがなかった訳ではない。内大臣府御用掛近衛文麿と佐々木惣一博士が草案作成に当たった内大臣府系統の改憲案（佐々木案）と、松本烝治国務大臣が中心になって作った政府案いわゆる松本案（甲案）がこれである。

佐々木案も松本甲案も、現行日本国憲法よりもはるかに格調高く、何よりも日本人の用いる本当の日本語で書かれた秀作であった。とはいえ、その詳しい内容を述べることは、本書の目的からはずれるので、マッカーサー草案が日本政府に下げ渡される直前の状況説明として、内大臣府と内閣府で憲法改正草案作りが着手されていたという事実だけを述べておく。

昭和二十年八月十四日、我が国はポツダム宣言を受諾し、翌日正午、玉音放送（終戦の詔）

が行われた。三十日、マッカーサーが厚木基地に降り立った。九月二日、アメリカ海軍旗艦ミズーリ号上で、日本側全権委員重光葵外務大臣、梅津美治郎参謀総長、対するは、連合国軍最高司令官ダグラス・マッカーサー元帥、アメリカ、中華民国、イギリス、ソ連、オーストラリア、カナダ、フランス、オランダ、ニュージーランド各国代表らとの間で、降伏文書が調印された。GHQ本部は当初横浜税関に、まもなく東京丸の内の第一生命ビルに移され、占領政策が開始された。

十月四日、東久邇宮内閣の副総理格の近衛文麿とマッカーサーの会談があり、憲法改正の示唆があった。示唆というのはいささか微妙な表現であり、近衛は事実上の指示あるいは命令と受け取ったであろうと思われる。もちろん、戦勝国といえども憲法改正を命ずる権利があるのかという問題はある。五日、東久邇内閣は総辞職し、無役となった近衛は、八日、最高司令官政治顧問アチソンと会談し、憲法改正の具体的内容について示唆を受けた。

近衛は勅命により同月十一日、内大臣府御用掛に任命され、同じく御用掛に任命された元京大教授佐々木惣一とともに憲法改正調査に着手した。しかし近衛の戦犯問題が浮上すると、GHQは、近衛に憲法改正の必要性を述べただけであり、近衛に憲法改正のための調査を命じた事実はないと豹変した。

十一月二十四日に内大臣府自体が廃止されることになり、近衛、佐々木の案を突き合わせて一本化する時間もなくなった。近衛文麿は同月二十二日、帝国憲法改正の要点を九項目にまとめた文書を奉答し、二十四日には佐々木惣一の御進講が行われ、百条からなる憲法改正案が奉答書の形で提出された。十二月六日、近衛はA級戦犯としての逮捕命令を受けとり、十六日、服毒自殺を遂げる。これによって、内大臣府の憲法調査は完全に幕を閉じた。

東久邇内閣の総辞職を受け、十月九日、幣原喜重郎内閣が誕生した。十一日の閣議の席上、幣原首相に、近衛らが勅命により内大臣府御用掛として憲法改正の調査にあたることの旨、連絡があった。閣議においては、憲法改正は重要国務であり、内大臣府の権限ではないとする反発があり、内閣として内大臣府に抗議した。幣原首相は、憲法改正の必要はないというのが本音であった。

夕刻、幣原は新任挨拶のためマッカーサーと会談するが、その際マッカーサーは憲法改正を示唆するが、そこでも、幣原には憲法改正を求められたとの認識はなかった。この席でマッカーサーは、参政権の付与による婦人の解放、労働組合組織化の推進、学校教育の自由主義化の推進、検察・警察制度の改革、経済制度の民主化と財閥解体の五項目の改革を求め、幣原は改革の実行を約束したが、憲法改正を求められたとの認識はなかったようである。

なぜなら、翌日の閣議において、幣原は五項目の改革が実現すれば、必ずしも憲法改正の必要はないが、一手段として憲法改正もあろうという連合国の見解が述べられたと解釈する、と報告しているからである。

しかし内閣は、十三日松本烝治国務大臣を長とする憲法問題調査特別委員会を設置する。委員会は、松本国務大臣が委員長となり、顧問に清水澄、美濃部達吉、野村淳治、途中若干の入れ替わりはあるが、委員として宮澤俊義、清宮四郎、川村又介、石黒武重、楢橋渡、入江俊郎、佐藤達夫等の委員によって構成された。同月二十七日から翌年二月二日まで、七回の総会と十五回の調査会が開かれる。

これら審議の結果をふまえて、二一年正月早々に松本大臣が起草したのが憲法改正草案（松本草案・甲案）であり、調査会で概ね承認された。それとは別に、若い学者が労をとって乙案というものを作った。甲案と乙案は同じ考え方に基づくものであり、甲案は一部改正の形式、乙案は全部改正の形となっている。乙案には研究の結果を集大成しておくとの意図もあった。

さて、いずれの文献にもマッカーサーが近衛に、あるいは幣原に憲法改正を「示唆」・・・という表現が使われており、本書もそれに従ったが、なぜ「示唆」なのであろうか。示唆の国語的意味は「さりげなく示す」「婉曲にいう」というような意味であろうか。指示とか命令とは明らかにニュアンスが異なるはずである。

参考までに日本の降伏のことを考えてみる。降伏文書には日本軍の無条件降伏とあり、教科書等の多くはアメリカの意向を受けてか日本が無条件降伏したと書かれているが、我が国はポツダム宣言を受諾して降伏したのであり、少なくとも、ポツダム宣言と降伏文書自体が降伏の条件になっていること、また降伏文書では、「日本国軍隊」が無条件降伏したのであり、「日本国」が無条件降伏したのではないので、国際法的には条件付き降伏である。

ただし、ポツダム宣言の意味についての照会に答えた、いわゆるバーンズ回答には、天皇と日本国政府の統治権は連合国総司令官に従属する（subject to）とあった。他方、ハーグ陸戦条規は、憲法などの基本的制度の占領下における変更を禁じている。

再び、示唆か命令かの問題に戻るが、当事者たちにとって、憲法改正は事実上逆らうことのできない強い命令であった。しかも、絶対的命令である。しかしながら、ハーグ陸戦条規の建前から指示とか命令という言葉は絶対にいってはならない禁句なのである。こうした屈折した心理が、日本国憲法の制定過程、特に九条関係については働いているのである。そうした感情、複雑な心理を読み解くことも九条解釈には必要なのかもしれない。

松本烝治国務大臣は、憲法問題調査特別委員会を指導して前述の松本甲案をまとめただけでなく、同じく担当大臣としてケーディス民政局次長と渡り合いながら、後述するＧＨＱ製のマッカーサー草案をもとに政府案をまとめた人物でもある。日本国憲法の生みの親である松本大臣が、自由党の憲法調査会で、自分は松本甲案と最終的な政府案の作成に関わったが、最終的に完成した日本国憲法については関心がなく読んだことがないから、日本国憲法のことについては知らないと証言している。

読んだことがないというのは誇張もあるかも知れない。ともあれ、政府原案の作成者をして完成憲法を読んだことがないといわしめる憲法が、世界中に他にひとつでもあるだろうか。この松本の一言が日本国憲法の本質を物語っているのである。

近衛も内大臣府での改憲案作りに取り組んだが、利用できる間は利用され、利用価値がないと判断すれば、近衛公が勝手に原案作成を指示されたと勘違いしたのであろうと切り捨てられる。さらに近衛は、A級戦犯に指定され、自殺の道を選ばざるをえなくなるのである。

松本も日本側の政府案（松本A案）作りに奔走するが、使えぬとなれば、自ら即製したマッカーサー草案の翻訳掛に役目替えされる。幣原首相などは、憲法改正をしなくとも民主的改革は可能だと考え、憲法改正を強要されていることなど気付いてさえいなかったのである。

それなのに、敗戦国の首相としてもの言えぬ立場にあることを悪用して、戦争放棄の発案者の汚名を着せられたまま真相を墓場まで持っていかざるをえなかったのである。強要や命令というのであれば少しは救われたであろうに、まことに示唆とは残酷な言葉である。

マッカーサー・ノートと民政局による憲法草案

ＧＨＱによる示唆あるいは指示によるものとはいえ、日本政府による憲法改正草案作成作業が進んでいたのであるが、ＧＨＱは突然前言を翻し、ＧＨＱ自らの手によって草案作りを開始した。ＧＨＱの態度豹変の原因は、二月一日の毎日新聞に「憲法問題調査会試案の全文」と称する記事が掲載されたことによるといわれている。

ただし、実際に毎日新聞に報道されたものは前記の松本A案または松本B案ではなく、宮澤俊義委員が調査委員会の審議をふまえ個人的に試案にまとめておいたものであった。宮澤が不用意に机の上に出しておいた私案を宮澤の甥の毎日記者が持ち出したものであったが、この毎日記事がＧＨＱの方針変化をもたらしたといわれている。

昭和二十一年二月三日、マッカーサーは、民政局長ホイットニーを呼んで、憲法制定に当たっての重要事項を箇条書きにしたメモを渡して憲法草案の作成を命じた。後にマッカーサー・ノート（マッカーサー三原則）と呼ばれるものである。翌日、ホイットニー局長は、ケーディス次長以下、民政局員ほぼ全員を呼んで日本国の憲法草案作成を命じた。

かくして、一週間の秘密作業の中で作成されたものが日本国憲法の原案、のちにマッカーサー草案といわれるものである。以下、マッカーサー元帥のご託宣から最終的な日本国憲法の完成第九条に至るまで、戦争放棄規定の時系列的変化を見てみたい。

戦争放棄の条文につながるマッカーサー・ノート第二項目と、民政局作成になる日本国憲法の原案いわゆるマッカーサー草案第八条の原文は、次の通りである。なお、ノートの和訳は便宜上のものであり、マッカーサー草案第八条の和訳は、日本側に手渡されたものに対する当時の外務省による仮訳である。マッカーサー草案につけられた傍線及び記号は、本論での考察のため便宜上筆者がつけたものである。

マッカーサー・ノート（第二項目）二月三日

War as a sovereign right of the nation is abolished. Japan renounces it as an instrumentality for settling its disputes and even for preserving its own security. It relies upon the higher ideals which are now stirring the world for its defense and its protection.

No Japanese army, navy, or air force will ever be authorized and no rights of belligerency will ever be conferred upon any Japanese force.

国家の主権的権利としての戦争を廃止する。日本は、紛争解決のための手段としての戦争、および自己の安全を保持するための手段としてのそれをも放棄する。日本はその防衛と保護を、いまや世界を動かしつつある崇高な理想にゆだねる。いかなる日本陸海空軍も決して許されないし、いかなる交戦者の権利も日本軍には決して与えられない。

マッカーサー草案第八条　二月十三日

Article Ⅷ. ① War as a sovereign right of the nation is abolished. ② The threat or use of force is forever renounced as means for settling disputes with any other nation. No army, navy, air force, or other war potential will ever be authorized and no rights of belligerency will ever be conferred upon the State.

㋐国民（国家）ノ一主権トシテノ戦争ハ之ヲ廃止ス　㋑他ノ国民トノ紛争解決ノ手段トシテノ武力ノ威嚇又ハ使用ハ永久ニ之ヲ廃棄ス

陸軍、海軍、空軍又ハ其ノ他ノ戦力ハ決シテ許諾セラルルコト無カルヘク又交戦状態ノ権利ハ決シテ国家ニ授与セラルルコトナカルヘシ（外務省仮訳）

米製原案の日本政府案としての偽装

二月十三日、外務省官邸において開かれた日米会談において、民政局によって起草された憲法草案が示された。日本側にとっては寝耳に水、全く予想外のことであった。この案に準拠して日本案を作成するように、その際、多少の字句の調整は構わないが、基本原則と根本規範は厳格に守るようにと条件を付けてきた。

GHQ民政局が示した英文で書かれた草案（通称マッカーサー草案）には通し番号が付けられ、幣原首相や松本大臣、通訳官ら数名の関係者しか目にしていない。この草案は、外務省により仮訳がつけられ、その後二十カ所ほど法文的な字句の修正が加えられた和文の草案が閣議で配布されたが、これも極秘扱いで、番号を付されたものが二十五部印刷され、閣議後に回収されている。

GHQと松本国務大臣等との折衝では激しい応酬があったが、肝腎な部分では我が国の主張はことごとく退けられた。その際彼らが用いたのは、それではマッカーサー元帥も天皇の身柄を極東委員会から守りきれないという脅し文句であった。こうして基本的部分ではマッカーサー草案とほとんど変わらぬような政府案条文が出来上がる訳であるが、政府が独自に起草したように偽装するため小細工を弄する。

すなわち、まず、三月六日に箇条書きにした憲法改正草案要綱を発表し、四月十七日に条文化された帝国憲法改正案（政府案）を発表する訳である。要綱にそって条文が作られたのではなく、初めに条文ありきであった。

憲法改正草案要綱三月六日（翌日新聞発表）（マ草案同様、傍線と記号は著者がつけたもの）

第九㋒国ノ主権ノ発動トシテ行フ戦争及武力ニ依ル威嚇又ハ武力ノ行使ヲ他国トノ間ノ紛争ノ解決ノ具トスルコトハ永久ニ之ヲ抛棄スルコト

陸海空軍其ノ他ノ戦力ノ保持ハ之ヲ許サズ国ノ交戦権ハ之ヲ認メザルコト

帝国憲法改正案（政府案）四月一七日（傍線と記号は著者がつけたもの）

第９条㋓国の主権の発動たる戦争と、武力による威嚇又は武力の行使は、他国との間の紛争の解決の手段としては、永久にこれを抛棄する。

陸海空軍その他の戦力は、これを保持してはならない。国の交戦権は、これを認めない。

Article Ⅸ. ③ War as a sovereign right of the nation and the threat or use of force is forever renounced as a means for settling disputes with other nations.

The maintenance of land, sea, and air forces, as well as other war potential will never be authorized. The rights of belligerency of the state will not be recognized.

憲法改正草案要綱（三月六日）は、単なる要綱の形をとっており、条文の形をとってはいない。すでに、三月六日時点で条文の形になっていたが、要綱の形で発表したのは、追って発表することになる政府案なるものが、総司令部製であることが日本国民に露呈することを避けるための姑息な偽装工作であったと思われる。全体として日本国憲法そのものの本質を知るための参考資料となるので示した。

さらに参考までに、現行日本国憲法の第九条も示しておく。なお、後の議論の都合上、筆者が傍線と記号を加えている。

日本国憲法　一一月三日公布

第九条　㋔日本国民は、正義と秩序を基調とする国際平和を誠実に希求し、国権の発動たる戦争と、武力による威嚇又は武力の行使は、国際紛争を解決する手段としては、永久にこれを放棄する。

㋕前項の目的を達するため、陸海空軍その他の戦力は、これを保持しない。国の交戦権は、これを認めない。

Article Ⅸ. ④ Aspiring sincerely to an international peace based on justice and order, the Japanese people forever renounce war as a sovereign right of the nation and the threat or use of force as a means of settling international disputes.

⑤ <u>In order to accomplish the aim of preceding paragraph,</u> land, sea, and air forces, as well as other war potential will never be maintained . The rights of belligerency of the state will not be recognized.

ＧＨＱ演出の猿芝居　第一回総選挙

四月十日、戦後最初の衆議院選挙が行われ、マッカーサー草案に若干手を加えただけの政府原案が帝国議会に提出されることになった。

戦後最初の衆議院選挙は、初めて婦人参政権が与えられるなど民主主義のスタートラインであったかのような神話が横行している。しかしながら、アメリカの占領目的を忠実に代行する傀儡政府を作り、また、そのための条件整備をすることが占領下の総選挙であったことを忘れてはならない。

ＧＨＱは、総選挙に先立つ一月四日公職追放指令を発し、憲政史上稀にみる凄まじい選挙干渉を開始したのである。指令は、占領目的を達成するために、好ましからざる淘汰されるべき日本人と、今後の日本を担うべき好ましい日本人に選り分ける強力な手段とされたのである。

指令付属文書は、追放すべき人物を、Ａ戦争犯罪人、Ｂ職業軍人、Ｃ超国家主義者・愛国主義者、D大政翼賛会などの指導者、E海外金融・開発機関の役員、F占領地行政長官、Gその他の軍国主義者・超国家主義者に分類した。特に、民政局ケーディス次長によって発案されたG項は、拡大解釈の可能な曖昧な表現で書かれ、恣意的適用可能性の高さはドイツにおけるパージ指令にもないものであった。

公職追放の審査は、形式的には内閣総理大臣に直属する公職適否審査委員会が担当することになっていたものの、実質的にはGHQの厳格な統制下におかれた。GHQにおいて公職追放を主管するのは民政局であり、ホイットニー局長とケーディス次長等は曖昧なG項規定の下、パージという強力な武器を用いて未曽有の選挙干渉を行ったわけである。

公職追放には、現に公職にあるものの除去すなわち強制退職と、今後の政治活動と公職就任の禁止という両面があった。また、政党幹部が公職に当たるかということに関してもGHQは厳格適用を求めた。なお、GHQ内部には参謀第Ⅱ部のウィロビーのように追放対象を軍人にとどめるべきだとする意見もあったが、公職追放は民政局の主管事項であったため、ケーディスの意見が通ったようである。

公職追放により、幣原内閣自身、一月に五閣僚を入れ替え、三月九日に一人が追放、さらに三月十日には、憲法担当の松本烝治国務大臣を含む四閣僚が追放基準に該当することになったが、それでは内閣がもたないのでマッカーサーに懇願して例外規定を適用し、総選挙終了まで四閣僚の残留を認めさせるという状態であった。

総選挙立候補予定者についても、ＧＨＱは厳格なふるいにかけ、保守勢力の一掃を図ったのである。ＧＨＱ特に民政局が狙ったのは社会党など革新勢力による政権であった。前議員のうち八割が追放基準に該当することとなり、政界は大混乱になったのである。

衆議院は前年十二月にすでに解散されていたが、衆議院議員候補者の資格審査の手続きのため、投票日は何回か延期され、四月十日投票となる訳である。最も保守的であった進歩党は結党時党員二百七十四名中資格審査を通過した者はわずか十四名で、最も大きな打撃を受けた。逆にいえば、進歩党は結党時党員の九四・三パーセント、自由党は結党時五八・一パーセントの候補者が資格停止、追放処分とされた。

このような露骨な選挙干渉の結果、投票後の議席数がどうなったかというと、全議席数四百六十四の中、自由党百四十、進歩党九十四、社会党九十三、協同党十四、共産党五、諸派三十八、無所属八十となる。ケーディスが企図したのは社会党政権であり、同党の議席数は十七から九十三と躍進したが、それでも第三党に留まった。

新人議員が八割を占めたのがこの選挙の特色であるが、前議員のほとんどが追放となり資格喪失したのだから当然といえば当然の結果である。婦人代議士は三十九名誕生した。候補者資格審査として行われたパージは、一般のパージのような具体的な行動の結果に基づく懲罰的パージではなく、予防的パージであり、選挙干渉、不正選挙という表現のほうが適切かもしれない。

占領統治が日本政府を利用した間接統治の形をとったこと、婦人参政権の実施など民主的制度の導入によって目くらましを図ったことによって、GHQの選挙干渉は見えにくいものになった。はたして、公職追放という強権手段によって、占領者の意のままに候補者を露骨に選別した第一回総選挙を、我が国の民主主義のスタートラインと位置付けることができるか大いに疑問である。むしろ、わが憲政史上最大の汚点と言わざるをえない。

民政局のニューディーラー、ケーディスによる社会党政権を作ろうとする目論見は実現しなかったが、社会党が憲法制定で大きな役割をはたす条件は整った。当時は総司令部も社会党を積極的に利用しようとしていたのである。

次にみるように、九条を審議する衆議院憲法改正委員会小委員会で最も目立ったのは社会党鈴木義男委員の発言であった。第一回総選挙前の総司令部民政局主導の露骨な選挙干渉は、九条における完全非武装主義と符合するのではないだろうか。

GHQへの忠誠競争の場と化した衆院芦田委員会

戦後最初の衆議院選挙の直後におかれた憲法改正委員会の小委員会（通称芦田小委員会）

では、敗戦国特有の売国的な議論が行われた。前記、マッカーサー草案提示から政府案作成に至るまでの段階では、ケーディスと松本国務相の間で激しいやり取りが交わされたが、この秘密会の小委員会審議では、芦田委員長を始めとして総司令部に対する迎合的な発言ばかりが目立つ。松本は、この時点では追放により公職を退いている。

第三回小委員会（七月二十七日）第四回小委員会（七月二十九日）の審議において、政府案九条第一項の修正が、鈴木義男委員（社会党）の提案から始まった。鈴木義男は、「戦争を抛棄し、すべての戦争の潜在力を捨てようという我々の決意を表明する条項を、このように突如として挿入するのは」、「哀れっぽく不平を言っているような印象を与える」から、「平和主義を表明する条項を挿入すべきだ」と発言する。

芦田委員長も賛成し、この文に「声明」または「宣言」という言葉を加えた方がよい、とまでいう。「外国はこの条文を外交上の重要な条約のようにみなすのではないでしょうか」「いかなる戦力も保持しないとはっきり謳っているのですから、審議中のこの条文は、いかなる戦力も憲法違反である（傍線・慶野）という我々の意思の表明とみなされてよいと思います。これこそが私の意見であります。・・・改正案の第二項は、自己否認の『声明』以外の何ものでもありません（傍線・慶野）」と続ける。林兵馬委員（協同民主党）も、芦田の尻馬にのって「『宣言』『声明』といった形をとった方がいいと思います。『宣言』という言葉は、重要な問題についての公的な約束を意味しています（傍線・慶野）。世界に、国民に、或いは異なる民族に対する宣言は公式の約束（傍線・慶野）であり、権威者側の考えの無責任な声明ではありません」と発言する。それを受けて、芦田委員長は、「この条項には特別な国際的意味があります（傍線・慶野）ので、『宣言』するとした方がよいと思います」と続ける。

第一項に、総司令部さえ求めなかった「正義と秩序を基調とする国際平和を誠実に希求し」との句が挿入された状況の再現であるが、芦田委員会では、あさましきまでの戦勝国への忠誠競争が展開された。芦田、鈴木、林の三委員は、第九条一項、二項は憲法の条文ではなく、戦勝国に対する条約、公約、詫び証文、「国際的な」誓いの言葉であると白状しているのである。

また、芦田自身、「いかなる戦力も憲法違反である」「第二項は、自己否認の『声明』以外の何ものでもありません」と明言している。

さらに、翌日の第五回委員会では、芦田は「第一項『日本国民は、正義と秩序を基調とする国際平和を誠実に希求し、陸海空軍その他の戦力はこれを保持せず、国の交戦権は、これを否認することを宣言する』第二項『前項の目的を達するため、国権の発動たる戦争と、武力による威嚇又は武力の行使は、国際紛争を解決する手段としては、永久に之を放棄する』以上が修正案です」として、一項と二項を逆転させることを提案している。

これなら、入江俊郎（小委員会当時衆議院法制局長官）も指摘しているが、「自衛戦争のためなら戦力を持てるという議論は生ずる余地」は全くない。また、八月一日の第七回委員会では、芦田委員長は「前項の目的を達するため」という句の挿入の理由に関し、「『国際平和を希求し』という言葉を両方の文節に書くべきなのですが、そのような繰り返しを避けるために『前項の目的を達するため』という言葉を書くことになります」と述べている。

芦田は、昭和三十二年十二月五日の憲法調査会第七回総会において、「前項の目的を達するため」という限定的文言の追加は、「自衛のための戦力の保持は違憲ではないとする結論を出す伏線であった」と証言しているが、この証言が真っ赤な嘘であることは、この委員会議事録で明白である。

第二項冒頭への「前項の目的を達するため」という句の挿入、いわゆる芦田修正によって自衛隊保有が可能になったという合憲論者の主張は、芦田の発言を記録した議事録の証拠によって完全に否定されるのである。

また、修正案を（全体）委員会に出す前に、総司令部に提出するかの質問について、芦田委員長は、「そうです。修正案が全体委員会で可決された後、再度変更されることになったらおかしなことになります」と発言、「私もそう思います」と鈴木の賛同をえる。語るに落ちたと言うべきであろうか。修正には総司令部の「許可」が必要であることを明言しているのである。芦田、社会党、ＧＨＱの蜜月ぶりがよくわかる。保身と権力追求のためには占領者に魂を売ることが必要であったのであろう。

　芦田を将来の軍保有のための伏線を引いた英雄のように言う論者がいるが、この議事録に記録された発言を見れば、芦田と鈴木は、戦勝国に迎合した売国奴としか言いようがない。芦田の昭和三十二年憲法調査会における証言は見え透いた自己正当化に過ぎないが、自衛隊合憲論は偽証にさえすがらなければならないほど追い詰められていたということであろう。占領初期においてＧＨＱは、社会主義者、中道リベラルを積極的に利用したこともみてとれる。

　かくも権勢をほこったケーディスも、昭和二十三年末には米ソ冷戦にともなう占領政策の転換により失脚し、おそらく弁明のため帰国する。民政局員解任後、相当経過した後、ケーディスは、東京新聞の記者、憲法学者等によるインタヴューに答えて、自分がマッカーサー・ノート中にあった「たとえ自衛のためであっても戦争を禁止する」という条項を削除した、いずれの国も自衛権を否定されることはない、などとしゃあしゃあと答えている。

　しかしながら、これらインタヴュー証言の価値は低い。相手の言い分をそのまま聞いてくるのでは子供の使いと同じである。ケーディスは、日本国に非武装憲法を押し付けた張本人であり、日本国への加害者、日本の憲法から主権という命を奪った実行犯である。

　また、日本の弱体化と戦争放棄の憲法押し付けは、結果的にソ連の脅威を招きアメリカの国益をも損なった。俗な言葉を使えば、ケーディスは日本に対しても戦犯、アメリカに対しても戦犯、いわばダブル戦犯である。脛に傷持つ人物が、犯罪行為の事実を正直に答えるはずがない。お人好しのインタヴュアーは適当にあしらわれ、犯人の弁解と宣伝に利用されるだけである。

ケーディスは、熱心なニューディーラーであり、容共主義者であったが、冷戦深刻化につれ、日本非武装化の責任者、特に民政局の責任を追及する声が強くなり、あるいはウィロビー少将などの参謀第Ⅱ部（G2）との抗争に敗れ、昭和二十三年十二月、弁明のため帰国し、翌二十四年五月軍を退官（事実上の更迭）した。

ケーディスには、共産主義を利した責任に加え、子爵夫人鳥尾鶴代とのダブル不倫問題の弱みもあった（不倫現場に米国からやってきた妻に踏み込まれ離婚に至ったともいわれる）。そうした事情から、ケーディスの言い分は余程割り引いて考える必要がある。

インタヴューをするなら、共産主義者との関係や日本左翼化の責任、場合によっては鳥尾夫人との関係などで追い詰めながら彼にとって不利な証言も引き出さねばならない。ケーディスにおいても、マッカーサーが、戦争放棄の提案者が幣原喜重郎であったとして、ほめ殺しの手法により何も言えない立場の敗戦国の首相に、自らの責任をなすりつけたのと同様の責任逃れをしている可能性も否めない。

Ⅱ　自衛権否定の憲法第九条一項

売国の芦田修正

衆議院憲法改正委員会小委員会（いわゆる芦田委員会）において、芦田均委員長と社会党の鈴木義男委員等によって繰り広げられた売国的な忠誠競争については、議事録という明白な証拠によって紹介した通りである。

通常、九条二項冒頭に「前項の目的を達するため」の句を挿入したことが芦田修正といわれ、これによって自衛隊を保有することが可能になったという説が、自衛隊合憲論者の中にかなりある。

昭和三十二年十二月五日の憲法調査会において、芦田は、「一つの含蓄を以って」二項に「前項の目的を達するため」の句を挿入したと語っている。すなわち、この句の挿入は将来戦力の保持を可能にするためであったというのである。もしそうであれば、再軍備にとっては大きな追い風になるから、芦田等の主権放棄という大犯罪を覆い隠す免罪符になる。ところが、憲法改正委員会小委員会で芦田は全く正反対の発言をしていたことは、議事録から検証した通りである。

議事録は議員以外には非公開であったが、委員会からＧＨＱに届けられ、アメリカ公文書館に保管されたものを森清議員が和訳（監訳）した『憲法改正小委員会秘密議事録』として昭和五十八年に公刊された。動かぬ証拠が明らかにされたのである。秘密委員会では、「わが国は『主権』を放棄するのだ」と喋っていたも同然であった。しかも、「国権の発動たる戦争」という意味不明な言葉を用いて売国の事実を隠蔽する画策まで行っているのである。

英文通り「主権の一側面としての戦争 war as a sovereign right of the nation」としていたのであれば、「主権放棄」という日本国民への背信行為は国民の目にバレバレだったであろう。議事録という明白な証拠があるわけであるから、自衛隊合憲論者の度重なる提言があろうと、そして、いくら窮しても政府が芦田修正を理由とする自衛隊合憲論をとってこなかったのは当然である。

第九条に関する芦田修正として、次の三点を挙げた方が芦田の所業の全体像を理解するのに役立つであろう。第一は、二項への「前項の目的を達するため」という句の挿入であり、通常これが芦田修正といわれているものである。第二は、原案の主語を「国の主権の発動たる戦争と、武力による威嚇又は武力の行使」から、「日本国民」に変え、「正義と秩序を基調とする国際平和を誠実に希求し」という句を入れたこと、第三は、政府案の「国の主権の発動たる戦争」（マッカーサー草案では「国の一主権としての戦争」）を「国権の発動たる戦争」に変えたことである。

第一の修正は芦田自身の提案によるが、第二、第三は、社会党の鈴木義男委員による提案に対し、芦田が大賛成しており、第三のものについては芦田と鈴木は完全に共同歩調をとり、特に修正後の和文を再度英訳する段階では、芦田委員長が早々に議論を打ち切って異論が出ないよう予防線を張っている。これら三つの修正は、芦田委員会で行われたというだけでなく、一体として芦田の意図を体現したという意味で合わせて芦田修正と呼ぶことにする。

不戦条約類推による憲法九条解釈の無理

自衛隊の合憲・違憲の解釈に関して、理論上、一項と二項を分けて、(1)一項合憲二項合憲、(2)一項合憲二項違憲、(3)一項違憲二項合憲、(4)一項違憲二項違憲の四つの組み合わせが可能である。最終的には(1)合憲、(2)(3)(4)は違憲となる。(3)の論法による違憲論はかなり無理があり、実際には存在しないようである。

合憲論においても、違憲論においても、九条一項については、国連憲章や不戦条約と同一内容の規定であるというのが多数説のようである。たしかに、不戦条約第一条は、「国家間の紛争の解決のために戦争に訴えることを否とし・・・国家政策の手段としての戦争を放棄する」ことを各々の人民の名において「厳粛に宣言」している。

国際法の権威田岡良一博士によれば、第一条の条文は、「文辞を荘重ならしめるため修飾的表現を行ったため意味が曖昧であり、第二条の『彼らの間に起こるすべての争議または紛争は、平和的の手段によるの外にその処理または解決を求めないことを約束する』を、まず、理解し、第一条の不明確さを補う」のがいいとされている（『国際法上の自衛権』）。すなわち、不戦条約は、戦争と戦争に至らざる武力行使を区別し、後者を可とする従来の国際慣行を否定したとみるべきである。

ただし、不戦条約は、条文において武力行使を全面的に否定する一方、例外を認めた。その仕掛けは、各国政府の間に交換公文の形で成された留保である。すなわち、第一、不戦条約違反国への関係、第二、国際連盟規約、永世中立保障条約に基づく義務による戦争、第三、米、仏、独、英、日による自衛のための武力行使についての留保である（『国際法上の自衛権』）。もし、不戦条約条文から単独で自衛権を否定していないことが明白に読めるなら、各国の留保は意味がないことになると田岡博士はいう。

不戦条約の条文との類推で九条第一項は自衛権を容認していると解釈するのは、無理のあることが田岡博士の説明から分かると思う。条文だけを切り離して不戦条約を論ずるのは極めて危険なのである。だから各国は、慎重に、自衛権による場合は除くとの留保を付けたわけである。不戦条約の場合は、条文と、条文以上に重大な留保とがセットになっていると考えるべきである。

日本国憲法には、当然のことながら、条約のような留保はついていない。だから憲法改正に際しても、どうしても第一項を残そうとする場合、条約のように「留保」を付けることは考えにくいので、条文の中に「自衛の場合を除き」などの条件を明記し、あるいは「国連憲章・不戦条約違反国への制裁の場合を除く」とか、「自衛権の行使を妨げない」などの但し書きをつけることが必要となる。

以上の議論は、憲法第九条第一項が不戦条約と同様の規定であると仮定しても、無条件に自衛戦争を肯定しているものとは解釈できないという意味である。そして、もっと重大なことであるが、当然のことながら、不戦条約の全三条の何処にも、『主権』を放棄するとか否定するというような表現はないことである。『主権』に相当する用語（sovereignty、あるいは sovereign right）は不戦条約には一切使われていない。それに対し、日本国憲法の英文には、war as a sovereign right of the nation を放棄すると明確に規定されている。不戦条約と憲法第九条（第一項）は、相似て非なるものであり、並べて論じることが土台無理なのである。このことは重要なので別に改めて論じたい。

自衛隊合憲論の西修教授は、現在では世界の憲法典の八割以上が九条一項のような平和主義規定をおいているという。しかし、抽象的に平和主義をうたう憲法は他にもあるかもしれないが、自国の『主権』、あるいは『主権』の一部としての戦争を放棄するなどと書いている憲法がどこにあるのだろうか。主権を否定したら国家でなくなってしまう。九条の「国権の発動たる戦争」は、英語では「主権 sovereign right としての戦争」となっており、「主権としての戦争」は不戦条約以後では自衛戦争としか解釈しようがないものなのである。

そもそも、憲法は条約や国際法ではない。条約は手練れの外交官が美辞麗句を駆使して騙し合う世界である。それに対し、憲法は、普通の国語力を備えた国民に容易に理解できるものでなければならない。憲法は「(不誠実な)外交辞令」ではない。国際法上の特異な概念を使わなければ説明できない憲法などというのはそれ自体欠陥といえるであろう。

法学者以外の方から、例えば長谷川三千子埼玉大学名誉教授のように、安倍首相の積極的平和主義という言葉に共鳴して、九条第一項は自衛権を否定していないから問題ないだけではなく、素晴らしい理念であって積極的に評価すべきであり、今後も堅持すべきだという保守系学者も出てきた。

憲法の条文というものは、それぞれが有機的な一体をなしているものである。もしそうでないなら、そうならざるを得なかった合理的理由を説明しなければならない。一項と二項がソッポを向いているというのは相当無理がある。一項では日本国に対する主権放棄、戦争禁止を命令し、二項では戦力不保持と交戦権否認という具体的方法を示していると考えるのが常識的な読み方であろう。一項で原理原則を述べ、二項で具体的方法を示す。内容の良し悪

しは別として。敵側の論理で見れば一貫性のある誠に見事な規定ではないだろうか。

最初に、一項と二項を分けて合憲違憲計四つの組み合わせのあることを示したが、それは論理構成の問題であって、実際の条文においては各項が有機的な関連をもって一つの条文をなしていると考えるべきである。九条の一項と二項がソッポを向いているから、そのうちの素晴らしい一項だけ生かそうというのは邪道である。そのような条文はもとより破綻しているか、または何か下心のある不純な条文だから九条全文を削除するというのが普通の考え方であろう。

自民党の平成十七年改憲案は、一項はそのまま、二項は削除ということになっている。二十四年改憲案は一項に「国の一主権としての戦争 war as a sovereign right of the nation を放棄する」に由来する「国権の発動たる戦争」という文言を残しており、主権放棄という問題は解決していないが、「この規定は自衛権の発動を妨げない」という点で少しは評価される。ただし、二十九年の安倍提案は一項、二項をそのまま残すというのだから何をかいわんやということになる。

なお、マッカーサー草案第八条（二月十三日）において、ノート第二原則の第二文 Japan renounces・・・（日本は、紛争解決のための手段としての戦争、および自己の安全を保持するための手段としての戦争をも放棄する）という文が削除されたことをもって、総司令部が自衛戦争を容認したことの根拠とする見解がある。元民政局次長ケーディスにインタヴューした憲法学者西修駒沢大学名誉教授もこの見解をとっている。

しかしながら、マッカーサー・ノートは、条文ではなく条文に盛り込むべき基本原則である。この文書は法律家ならぬ軍人による単なるメモ書きにすぎず、ノート第一文War as a sovereign right of the nation is abolished.（国家の主権的権利としての戦争廃止）が、自衛戦争廃止を意味するなら、条文化に際し重複を避けるのは当然のことではないだろうか。

逆に、自衛戦争ではない戦争（侵略戦争）が国家の主権的権利であるという方が余程理解しがたい。マッカーサーのメモ書きが、そのまま憲法の条文になると考える方がよほどおかしい。実際、天皇に関するノート第一原則や封建制廃止に関する第三原則などは、ノートとは全く別の表現で条文化されている。

マッカーサーが、軍人として敵の完全征服、完全非武装化をもって最終占領目的と考えるのは自然のことかもしれない。ケーディスは、筋金入りのニューディーラーであり、容共主義者であり、公職追放など初期占領政策の遂行においてはマッカーサー以上に強硬路線をとっていた。憲法九条の問題についても、軍事的解体をすすめるため強硬路線を採ったものと推測するのが自然である。

しかし、参謀二部のウィロビーが批判したように、民政局の初期占領政策の強硬路線がソ

連を利し冷戦の原因を作ったともいえる。自衛戦争を可能にするためマッカーサーの意に反して、自分が「たとえ自衛のためでも戦争を放棄する」という条文を削除しておいたとするケーディスの証言は信憑性がない。インタヴューで語ったことは、むしろ、アメリカにとっても日本にとっても不利益をもたらした犯人の弁解とみるべきであろう。

「としての」「としては」の和文と英文両面からの検討

（国際紛争解決の手段）「としての」「としては」は、英文では「as　a means of settling international disputes.」に相当する。和文、英文ともにこれらの言葉は「属性」「理由」「強調」「限定」などの用法があり、ケースバイケースで解釈される。

マッカーサー草案においては、War（戦争）を主語とする①文とThe threat or use of force（武力による威嚇または武力の行使）を主語とする②文が二つに分かれていて、それぞれに「as」で接ながる形容句がついている。二文は、動詞はabolished、renouncedと違っているものの対になっていることから、ともに、戦争、武力行使の性質、内容を示すasであり、「限定」の意味はないと考えられる。

したがって、外務省仮訳マッカーサー草案の㋑文中の「他ノ国民トノ紛争解決ノ手段トシテノ武力ノ威嚇又ハ使用」にも（紛争解決の手段に限り武力行使を禁ずるという）限定の意味はないと考えられる。

四月十七日の政府案では、二文であったマッカーサー草案第八条第一項は、和訳㋐文と㋑文を統合し、「国の主権の発動たる戦争と、武力による威嚇又は武力の行使」を主語とし、「抛棄する（される）」is renounced を動詞とする㋓文に変わった。その結果「他国との間の紛争の解決の手段としては」が、武力の威嚇又は行使だけでなく、戦争にも掛ることになった。政府当局による再英訳では、主語が複数になったことから、動詞は is ではなく are が適切かもしれないが as 以下の修飾先は和文と一致した。

マッカーサー草案㋑の「紛争解決ノ手段トシテノ」は、㋓では「…としては」に変わるが、マッカーサー・ノート、マッカーサー草案と辿ってきた経緯をみれば「限定」に変わったとは判断できない。むしろ、戦争と武力行使の属性を示す「トシテハ」だという解釈が自然である。

国語の「としては」についても、「『誇り高き日本人としては』私は、このような屈辱的な憲法を受け入れることはできない」という場合、理由や強調の意味のトシテハであって、中国人や朝鮮人である「私」は受け入れるが、日本人である「私」は受け入れないという意味ではない。また、前述したように戦争と戦争に至らざる（事変などの）武力行使を分けるべきでないというのが不戦条約締結の目的でもあった。

以上の理由から、私は日本国憲法の「紛争解決の手段としては」は「限定」の意味はなく、「属性」を示す「としては」だと考えるが、末松鶴嘉著『密かに誤訳された憲法第九条』は、この修正された文を日本の当局者が分詞構文を用いて再度英訳するときに誤訳があり、それが日本国憲法の英文最終条文④になったとしている。すなわち、政府案、芦田委員会の修正を経て、「as a means of settling international disputes（国際紛争解決の手段としての）」は、直近の名詞「the threat or use of force（武力による威嚇又は武力の行使）」のみにかかることとなり、マッカーサー草案の文意に戻ったとしている。

マッカーサー草案では武力の威嚇または行使のみにかかる形容句であったのが、政府案では二つの文が一文にまとめられたために、武力の威嚇または行使だけでなく戦争にも掛る形容句となった。この時点では、和文と英文は一致していた。衆議院憲法改正委員会小委員会（いわゆる芦田委員会）で、「正義と秩序を基調とする国際平和を誠実に希求し」という句が付け加えられ、主語を「日本国民」と変え、この文全体を受動態から能動態に修正した。つまり、和文では自衛戦争を認める余地を残したが英文では自衛戦争も認められず、和文と英文は全く違った意味になったというのである。

もともと、マッカーサー草案第八条の第一、第二文を一つの文に統合したのは政府案を作った松本国務大臣である。ＧＨＱ案を受け取り、政府案に手直しする作業に当たったのは、松本国務大臣、内閣法制局長官、同次長、佐藤達夫法制局第一部長の四人である。第二章については松本大臣自らその作業を行った。

当時、総司令部は、卑怯にも、極東委員会の意向として天皇の戦犯としての身柄拘束、天皇制廃止をちらつかせながら、GHQ案の受け入れを迫っていた。軍の不保持、戦争の「無限定的」放棄はやむをえざる究極の選択であった。

松本の手直し作業を一番近くで見届けた佐藤達夫も、「完全武装解除が当時の大勢」であり、二文の統合により限定的放棄になるとは全く考えが及ばなかったと述べている。仮に、末松説をとり、「国際紛争解決の手段として」が「限定的形容」の意味をもつと解釈するとしても、それを仕掛けたのは松本国務大臣であり、芦田または芦田委員会は、その折角の成果を英文の中では失うという大失態を侵したことになる。第二項文頭の「In order to accomplish the aim of preceding paragraph（前項の目的を達するため）」という句も、英文中では「だから」とか「したがって」という程度のありふれた接続詞の役割しかはたしていない。

主権放棄を公言する第九条第一項

最大の問題は、war as a sovereign right of the nation（正しく和訳すれば「民族固有の

侵すことのできない主権的権利としての戦争」）が「国権の発動たる戦争」に変わったことである。政府案の段階で、「国民の主権としての」が「国の主権の発動たる戦争」に変わった。「国民の」と「国の」ではどちらかといえば、憲法だから「国の」の方がしっくりくる。「発動たる」は「としての」に比べやや意訳ではある。しかしながら、松本国務大臣に文意を変えようという意図があったというのではなく、二文を一つにまとめるための修辞的工夫であったと思われる。

マッカーサー草案においては、㋐「国民ノ一主権トシテノ戦争ハ之ヲ廃止ス」とあり、㋑「他ノ国民トノ紛争解決ノ手段トシテノ武力ノ威嚇又ハ使用ハ永久ニ之ヲ廃棄ス」とあったが、「武力による威嚇と行使」が政府による具体的権利行使、行動であるのに対し、主権としての戦争は悠久の日本民族が保有する権利であり、行動ではない。二文を統合するためには、両者が政府により「発動されるもの」とみなす必要があったのであろう。

「国権の発動たる戦争」に変えたのは、衆議院憲法改正委員会小委員会（いわゆる芦田委員会）においてである。社会党鈴木義男が、「国の主権の発動たる」を「国権の発動たる」に修正することを提案した。鈴木から、「『国の主権の発動たる』は、・・・法律的観点からいって調子はずれです」「武力を行使する権利は『国権』です。国の権利です」という意味不明の理由が述べられた。前述の「正義と秩序を基調とする国際平和を誠実に希求し」の挿入の提案とほぼ同時に提案されたのである。こちらについては、芦田委員長と佐藤達夫政府委員から賛成意見が述べられ、審議らしい審議はなく他の委員からもほとんど意見は出されていない。

マッカーサー・ノート以来、最終的な憲法九条の条文に至るまで、英文では、廃止、または放棄されるのは「war as a sovereign right of the nation（正しく和訳すれば、国家（または国民）の一主権としての戦争）」となっている。sovereign right は主権であるが、sovereign power や sovereignty ではなく、あえて sovereign right というのは sovereignty や sovereign power 以上に「国家固有の権利」、「当然もつべき自衛権」というニュアンスで用いられているといえる。

ちなみに nation は、state が現在の国家や政府を指す場合に多用されるのに対し、歴史的な、悠久の民族をさす。第四一条に「国権」の最高機関という言葉が使われているが、これには state power という英語が当てられている。第七回小委員会で「国権」の再英訳に関し、鈴木義男は、国権には state power の英語もあるが sovereignty と同じ意味なので英訳には sovereign right of the nation を残した方がいいと念を押し、芦田委員長は議論が再燃しないよう話題を変えている。

マッカーサー草案第八条の戦争を禁ずる①文と武力による威嚇と武力行使を禁ずる②文

が分かれ、それぞれに前置詞asが使われていたものが、政府案で一つの文に統合されたことはすでに指摘した。①文の前置詞asを限定と考えると、国の主権の一部である戦争（自衛戦争）は禁止するが、それ以外の戦争（侵略戦争）は禁止から除外するということになり、おかしなことになるから、限定の前置詞asではありえない。

マッカーサー草案の①文と②文が対になっていることから、武力による威嚇または武力の行使にかかる前置詞asも限定ではないと推測される。そのような経緯から政府案、さらに最終条文の英訳における前置詞asも限定とは考えにくいことは前に論じた通りである。

芦田と鈴木の綿密な連携プレーによって、主権という用語が和文から消え去り、それに変えて、国権という意味不明な用語が用いられることになったが、それにもかかわらず、二人は英文にwar as a sovereign right of the nationという言葉を残すことに異常にこだわった。そこには、将来の自衛戦力をもつ含みなど微塵もうかがえない。

昭和三十二年十二月五日の憲法調査会で芦田は、将来戦力の保持を可能にするために、「前項の目的を達するため」の句の挿入に関し、「一つの含蓄を以ってこの修正を提案したのでありります」と述べているが、完全に後付けの理由であるといわざるをえない。なお、憲法公布の直後の二十一年十一月、芦田は一項の「日本国民は…誠実に希求し」と二項の「前項の・・・」の付加は、ともに人類和協と世界平和の念願から発したこと、九条が自衛権まで否定するものではないことを述べてはいる。

ただ、さすがにこの二句により自衛権が復活したとはいっていない。二つの付加は平和主義を確固たるものとしたものであり、自衛権の根拠は芦田修正とは関係なく、国際法にあると読める。この時点では小委員会での絶対平和主義の発言をひっくり返してはいない。総司令部に迎合して日本の主権を否認した裏切り行為の後ろめたさからくる、自己弁護と解釈すべきであるといえよう。

GHQに対しては主権を放棄するといい、国民に対しては、自衛権は放棄していないという芦田の二枚舌である。芦田委員長や鈴木義男委員が騙そうとしたのは、マッカーサーやケーディスではなく、日本国民であったと結論できる所以である。

ポツダム宣言の降伏文書中の subject to を、「降伏の時より、天皇及び日本国の統治の権限は、・・・連合国軍最高司令官に従属するものとす」ではなく、「連合軍最高司令官の制限の下に置かるるものとす」と翻訳したのと同一構造であった。何よりの証拠が、英文憲法に War as a sovereign right of the nation が全く手つかずに残ったことである。芦田委員長と委員会メンバーの本音は、主権放棄の事実を日本国民に対し隠蔽することであった。

八月に、芦田が憲法改正委員会小委員会の最終修正案をもっておそるおそるケーディスに報告に行くと、ケーディスは上機嫌で即座にOKを出したと芦田が述べたという。国家の主

権としての戦争を放棄するという英文が手つかずであったのだから当然である。おまけに、ケーディスが要求さえしなかった「正義と秩序を基調とする国際平和を誠実に希求し」という句の詫証文までつけて恭順の意を示したのだから、ケーディスが不機嫌になるはずがない。ただし、ケーディスが初めて最終案を見たのかどうかは疑問である。秘密会の議事録は、逐一届けられていたのではないかと考える方が自然である。

憲法改正論の多くは、第一項は自衛権を否定していないので、第二項を削除すれば問題はすべて解決するように言う。日本国憲法に厳しい態度をとっていた保守系学者が、一項と二項を分離し、秘密会の議論を完全に無視して、一項は正義と秩序に基づく積極的な平和希求の素晴らしい条項なのだなどといい始めている。

本論では、日本国憲法の和文と英文の乖離を指摘した。憲法正文は和文であって、英文憲法はあくまで翻訳に過ぎないとの反論があるかもしれない。芦田はうまく民政局を騙してくれた、お蔭で自衛隊を持つことが可能になったというのが、むしろ大方の意見かもしれない。しかしながら、国家存立のもっとも基本的な問題について、憲法学の大御所芦部信喜東大名誉教授をして、「国権の発動たる」には特に意味はない、単に「戦争」というのと同じであるなどと言わしめる憲法が健全なものといえるのだろうか。これが立憲主義といえるのだろうか。第一項を存置するなら国民精神の退廃を止めることはできないだろう。

さらに重要なことは、第一項が他国による我が国への侵略を誘発することである。世界が日本国憲法を読むのは圧倒的に英文によってであろうと思われる。その英文に、日本は国家主権を放棄する、自衛権を放棄する、侵略されても自衛戦争をしないと書かれているのである。

隙間のない防衛という論理で安保法制を擁護する議論には説得力がある。防衛の強い意志を内外に示すことは、侵略の意思をもつ国に対し抑止効果をもたらすことは間違いない。そうだとすれば、どう見ても外国人には主権放棄としか読めない第一項を放置する弊害は測り知れない。

文民条項と芦田委員会

憲法六六条には、「内閣総理大臣は文民でなければならない」とする、いわゆる文民条項がある。この条項はマッカーサー草案にも政府原案にもなかったものであるが、八月二十日の第十三回小委員会において、急遽提案されたものである。文民条項というのは、そもそも軍隊がなければ意味がないものであるから、芦田委員会でどのような議論が行われたか見てみよう。

金森国務大臣の特別出席のもと、第十三回委員会は開かれた。金森から、前日の八月十九日、マッカーサーに吉田首相が突然呼ばれ、第一に、首相は軍人や警察官でないシビリアンがなるべきであり、第二に、首相は国会議員から指名を受けるべきであり、そのために政府案を修正すべきであるという見解がマッカーサーから示されたとの報告があった。

続けて金森は、国務の承認は国会の承認を必要とするという条項を削除し、首相はシビリアンから選ばれること、国務大臣の過半数は国会議員の中から選出されることとする新たな政府案を提案した。そして政府案として提案しながら、シビリアンの問題については、シビリアンという言葉は曖昧であるが、研究の結果文字通り非軍人という意味だとの大臣説明があった。軍人というのは歴史的存在であり、今後日本では軍人は存在しなくなるのだから、最終的には除外するということで関係方面の同意を得た、と説明があった。

さらに「栄誉ある小委員会の委員は困難ではありましょうが、寛大にこの問題を調整していただくことを希望します。そうすれば、国際関係を考慮して、適切な状態になるでありましょう」と奥歯にものの挟まったような意味不明な説明が続いた。笠井委員（無所属倶楽部）から、シビリアンとは非軍人だけではなく、民間人という意味ではないかと質問があり、金森大臣は非軍人の意味です、と答弁した。鈴木委員（社会党）は、閣僚はシビリアンから選ばれるべきことは当然であり、もし条項に入らないなら了解事項として記録にとどめられるべきだと発言し、その理由として軍人が閣僚になるということは現実にはあり得ないが、万一追放から逃れた旧軍人が大臣になることをも考えられるからだと発言した。

芦田委員長は、単に軍歴があるというだけで政治活動を禁止するのは反対である、軍国主義や反民主主義の傾向のある人を追放するという限りにおいて、この立法に同意すると発言した。また、犬養委員（進歩党）より、軍人という場合、海軍兵学校や士官学校卒業生以外も含むのかという質問があり、それに対し、佐藤達夫法制局次長より、軍人という範囲も曖昧であり、シビリアンという言葉を使う場合も法律的にみて十分その意味を表すのは難しい、追放指令では、現役軍人を表すのに職業軍人という言葉を使っているが、現役軍人の中には予備役将校も含まれているので、一語や二語で軍人を定義することはできない、との答弁があった。

第十三回委員会の議論をまとめると、総理大臣は国会議員でなければならない、また、その他の国務大臣の過半数は国会議員でなければならないとする議院内閣制の趣旨に基づく政府修正提案は認められたが、国務大臣はシビリアンでなければならないとする文民条項は見送られた。その理由は、新憲法の下では軍人はいなくなり、この条項は全く無意味だからというのが委員の一致した考えだったからである。

言い換えれば、委員の中に、将来軍隊を持つ、あるいは持てるという考えは全く浮かばなかったということになる。委員会の雰囲気としては、何故マッカーサーがこのような要求をしてくるのか怪訝なという雰囲気であった。そして、多くの委員は、軍国主義者の追放のため、この条文を利用しようとしているのではないかと内心思ったように見える。委員会冒頭の「国際関係を考慮して・・・」という婉曲な表現は、ＧＨＱあるいは極東委員会から戦犯訴追や追放の圧力を示唆しているものと受け取られたのではないかと思われる。

この会議からもう一つ重要なことが窺われる。たった三週間ほど前に芦田委員長は、二項冒頭に「この目的を達するため」という一句を挿入することを提案している。そして、後に（昭和三十二年十二月五日憲法調査会など）自衛のための戦力保持は違憲ではない、この句（世間では芦田修正といわれる）の挿入は将来軍備を持つための伏線であったと述べているが、それが真っ赤な嘘であることを証明している。

もし、将来軍隊を持つことの含みというなら、文民条項を条文の中に入れることは絶好のチャンスであったはずである。渡りに船とはこのことだったはずなのに、芦田委員長は文民条項導入のため何も発言していない。それどころか、芦田委員会は文民条項の導入を見送ったのである。

九月二十四日、ホイットニー民政局長とケーディス次長が吉田首相を訪れ、極東委員会の強い要求であるとして、ＧＨＱは「内閣総理大臣および閣僚はシビリアンでなければならない」とする条項を加えることを再度強硬に要求してきた。新憲法では軍隊を持たず、軍人はいないのだからシビリアンを非軍人とすると九条と矛盾する。政府は原案作りに窮し、やむをえず、武官の経歴を有しない者と修正し、貴族院の特別委員会に提案した。ところが、貴族院ではシビリアンは現に軍人でない者だと異論がでて、ＧＨＱの原案通りとなった。

西修氏は、『正論』二十九年九月号に、憲法六六条二項に文民条項が加えられた経緯を、「落語風に」書いている。政府も、衆議院、貴族院議員の誰一人として軍隊を保有できるとは思っていなかったが、結果として、戦力、軍隊の保持を認める憲法となった、という趣旨の文章である。しかも持てるのは、政府のいうような最小限の実力ではなく、戦力、軍隊である。「めでたし、めでたし」であるが、このような奇想天外の説明ができるのは、おそらく落語の世界だけであろう。

法律の世界では、錯誤による契約は無効である（民法九五条）との考え方もある。砂糖のつもりで塩を買った場合、この契約は無効のものとして取り消せるそうである。法解釈における方法として、通常、法律意思説と立法者意思説があるといわれる。

法律意思説は、条文の文理、国語的解釈を重視する。立法者意思説は、立法者の主観的意思や立法過程を重視する。法の安定性、客観性を維持するためには、文理的解釈が重視されなければならない。法律というものは、誰が読んでも同じ解釈になるのでなければ意味がない。立法者意思といっても、立法者がいつまでも生きているわけでもないし、芦田均のように、自己弁護、あるいは自己顕示のため、嘘を言う。

とはいっても、日本国憲法などはその典型的な例であるが、正確、厳密な用語を用いずに制定された条文、無理な翻訳の結果、文法も用語法もまともな国語になっていないような意味不明な条文については、文理解釈、国語解釈だけでは解釈できないので、立法者意思は何であったかということを慮りながら解釈する。

日本国憲法の立法者はそもそも誰なのであろうか。ＧＨＱ民政局のケーディス次長、衆議院憲法改正委員会小委員会（いわゆる芦田委員会）の委員、貴族院の委員などが思い浮ぶ。西氏が落語風読み物でいうように、日本側の委員には軍備を持てるという認識など全くない。

極東委員会の代表は、六六条の文民条項に限定的に影響を与えたものの九条への直接の関与はほとんどなかったようである。しかも、極東委員会の代表は、各国個別の国益を背負った十一カ国の代表であり、直接占領統治を行なった国の関与とは比較にならない。せいぜい、横槍を入れるというような関与であったと思われる。

日本側の委員のうち社会党鈴木義男委員などは迎合的な発言をしたが、多くは文民条項の矛盾について指摘はしてみたものの、占領者あるいは戦勝者の横暴には抗しがたい、泣く子と地頭には勝てぬ、馬鹿をやらせておこうじゃないかというようなシラケきった気持ちであったように見える。

憲法改正のための現実的対応

安倍首相の九条一項二項をそのままにして、三項または、九条の二を加憲して自衛隊を明記するという提案に、取り巻き議員や御用学者たちが雪崩を打って追随するというあさましい状況が起こっている。おそらく安倍首相は、加計・森友問題には受託あるいは金銭授受などの形で直接関与したということはないだろう。しかしながら、周辺の官僚などが首相の意向を忖度し、あのような事態になってしまったのではないか。加計・森友問題で首相に適切な助言をできるものがいなくなり、裸の王様状態になってしまったのであろう。

九条改正論についても同様なことがいえるのではないだろうか。安倍一強といわれる中で、首相に苦言をいえる自民党政治家や憲法学者がいなくなった。自民党改憲論や産経改憲論において、やれ自衛軍だ、やれ国防軍だと今まで威勢のいいことを言っていた人たちが、安倍首相の提案にもっともらしい理屈をつけるための「理論武装」とやらに躍起になっている。首相に気に入られることは、そんなに価値あることなのであろうか。今まで尊敬していた人たちだけに、その豹変ぶりを見ると情けなくて涙が出る。誰を指しているのかはわからないが、適菜収氏は〝乞食言論人〟という言葉を使っているようだ。

国家主権放棄を明言する第一項、戦力の不保持と交戦権の否認を定める第二項と自衛隊の保有を明記する新条項はまさに水と油、これらは絶対に共存できるものではない。安倍首相は、三項加憲論を、崇高な使命を帯びた自衛官の子弟が憲法違反の自衛官の子弟として肩身の狭い思いをしている、そうしたことを終わりにしたいというお涙頂戴の議論で正当化している。

たしかに、時には、安っぽい感情論に訴えることも効果はあるかもしれない。反戦運動や反原発運動が幼い子供にプラカードを持たせるのと同じ手法である。しかし感情論は、しいて上げればこんなこともあるだろうなという程度の沢山ある理由の一つにすぎない。安倍首相に欠落しているのは、国の最高法規を論ずるに必要な主権論、国家哲学、国防論である。そして、条文間の論理的整合性も検討されなければならない。

三項に自衛隊と明記すれば、自衛隊は戦力ではなくなるのか、自衛隊は交戦権をもたないのか、そもそも、もともと存在する二項の戦力や交戦権とは何なのか、憲法解釈の混乱はますます増大しそうである。無理矢理解釈が横行すれば国語の混乱を招き、教育も荒廃し、国民道徳も退廃するという悪循環が続きそうである。

平成十七年自民党新憲法案では、九条一項はそのまま、二項は削除の上、自衛軍を明記している。

平成二十四年の自民党の改憲草案では、一項に「国権の発動としての戦争を放棄し」とあり、「国権の発動としての戦争」を現行憲法同様「国権の発動たる」が「主権の一部としての戦争 war as a sovereign right of the nation の放棄」であるかは判然としないが、「この規定は自衛権の発動を妨げない」としており、現行九条の一項よりは改善されている。現行九条の二項相当部分は削除されており、国防軍の保持が明記されている。

九条のかなりの部分を削除し、国防軍を明記した二十四年自民党案と今度の九条一項二項をそのまま残すという安倍提案は雲泥の差がある。いきなり、かつての社会党のゾンビが蘇ったようなものである。安倍首相は、九条にお墨付きを与える自民党最初の首相である。こう言うと政治には妥協も必要だ、お前は頑迷固陋な右翼反動だなどと批判されるかもしれない。私も時には妥協や現実的な対応も必要なことを認めないわけではない。ただ、自衛軍や国防軍と九条固定化の間にはあまりにも落差が大きすぎること、これでは精神錯乱状態としかいいようがない。

安倍首相は、自衛隊を明記することよりも、九条を廃棄することがはるかに重要だということを全く認識していない。なぜ多くの憲法学者が自衛隊を憲法違反と考えるのか。どの条項に違反すると考えるのか。いうまでもなく九条の一項二項である。ならば非武装論を採らない以上、九条を廃棄することが唯一の解決ではないか。現実的対応というのならば、とりあえず九条を削除するに留めるというのが最も現実的対応なのである。

あるべき主権国家像としては、自衛隊より国防軍の名称の方がよかろう。国防軍の保持を明記し、裁判所の規定に続く章を設け、軍の組織その他について定めれば理想ではある。ちなみに、我が国は北朝鮮のような先軍政治ではないのだから、軍や安全保障が第二章に置かれるのには違和感を覚える。議会、内閣、裁判所のいわゆる三権を規定する章の次あたりに書かれるのが収まりよい。現行憲法では、九条は戦勝国への詫び証文の一番重要な部分だから二章に置かれたものと推察する。

しかし世論の現状に鑑みれば、いきなり国防軍では抵抗があるかもしれない。自衛隊については国民の九割が支持している。この自衛隊支持層は、半数位は軍と言い換えても支持するかもしれない。それでも、軍か自衛隊かと言っていたらまとまらなくなってしまう。そこで九条を削除するだけという現実路線が思い浮かぶ訳だ。

民進党の前原前代表もかつて二項削除論を主張していたことがあり、二項削除には旧民進党出身者からかなりの同調者が出ることも予測される。今の状況は安倍首相とその周辺が旧社会党の代弁者になって、九条堅持の旗振りをしているという魔訶不思議な状況である。

ちなみに帝国憲法には、自衛隊の保有も、軍の保有も明記していない。自衛隊を明記しなくても、主権国家であることさえ確認すれば何の問題もないのである。明治憲法は、統帥権や宣戦、講和、軍の編制などについて規定しているだけあり、軍の保有について何ら規定していない。軍の保有は独立主権国家として当然のことだからである。

九条さえ廃棄すれば、自衛隊保持を明記しなくても、自衛隊の現状維持に何の問題もないし、今後は、世論の成熟度を見ながら、また国際情勢の変化に応じて法律さえ作れば、完全な意味の再軍備は法律によって何時でもできるのである。国民が望むなら現状の自衛隊でもやむをえまい。もちろん、自衛隊保有を禁ずる条文はなくなるのだから、合憲違憲論争は起こりえない。

安倍案では、自衛隊が戦力なのか、軍なのか、その何れでもないのかが分からない。かりに「一項、二項の規定にかかわらず」という文言を入れたとしても、今までの禅問答のような疑問は解決しない。日本が主権国家なのかどうかも今まで通りである。主権国家としての再生は永久凍結され、戦後体制は、そこからの脱却ではなく、固定化、強化される。安倍首相の変節をみて、不吉な連想が浮かんだことを付け加える。

村上建夫氏は、『君たちには分からない』と題する楯の会の顛末記を書いているが、その中で、村上氏ら元楯の会会員が事件後、三島瑤子夫人を見舞った時、瑤子夫人が「佐藤栄作のテレビ辞任会見」を見ながら「佐藤首相など辞めて当然よ」と呟いたことを紹介している。

三島は佐藤から民間防衛組織を作るよう要請されていて、それが楯の会を組織する動機となったが、市谷事件後、三島は佐藤に冷たく裏切られたということを、村上氏らしい皮肉な表現で暗示した明文である。その後、佐藤はノーベル平和賞を受賞した。

かねてより、憲法九条にノーベル平和賞という声がある。佐藤と同じ血を引く安倍首相が滅びる危機にあった憲法九条一項、二項の命を救った功績で、日本人二人目のノーベル平和賞に輝くなどということにならないか。ノーベル賞の季節に見た悪夢である。

第九条第二項編

祖国を守る者は誰か

高乗正臣

第三章　自衛隊は九条二項が保持を禁ずる軍隊である

昭和四十五年十一月二十五日、三島由紀夫の割腹自決時の檄文に次のような一節がある。

「われわれは今や自衛隊にのみ、真の日本、真の日本人、真の武士の魂が残されてゐるのを夢みた。しかも法理論的には、自衛隊は違憲であることは明白であり、国の根本問題である防衛が、御都合主義の法的解釈によつてごまかされ、軍の名を用ゐない軍として、日本人の魂の腐敗、道義の頽廃の根本原因をなして来てゐるのを見た。もつとも名誉を重んずべき軍が、もつとも悪質の欺瞞の下に放置されて来たのである。自衛隊は敗戦後の国家の不名誉な十字架を負ひつづけて来た。自衛隊は国軍たりえず、建軍の本義を与へられず、警察の物理的に巨大なものとしての地位しか与へられず、その忠誠の対象も明確にされなかつた。われわれは戦後のあまりに永い日本の眠りに憤つた。自衛隊が目ざめる時こそ、日本が目ざめる時だと信じた。自衛隊が自ら目ざめることなしに、この眠れる日本が目ざめることはないのを信じた。憲法改正によつて、自衛隊が建軍の本義に立ち、真の国軍となる日のために、国民として微力の限りを尽すこと以上に大いなる責務はない。」

はしがき

日本国憲法の成立から数えて、ちょうど七十年目を迎えた平成二十九年五月三日、安倍首相は都内で開かれた改憲派の集会にビデオメッセージを送った。その内容にマスコミ各社は大きな反応を示した。それもそのはず、メッセージの中で安倍首相が初めて憲法改正のテーマとして憲法九条と自衛隊に触れたからであった。

これまで、改憲にひとかたならぬ熱意を示してきた安倍首相は、いわば迷走を繰り返してきた。まず、首相は九六条の改正手続の改正を提起した。現行憲法九六条の規定、すなわち憲法改正の発議には衆参両議院の総議員の三分の二以上の賛成が必要とされている点を、過半数の賛成に改正しようというものであった。

一部の学者はこれを評価したようだが、多くの学者や国民は批判的に受けとめた。ともかく、この問題提起には何か姑息な意図が含まれているような感じがしたこと、そして、手続規定の改正という発想そのものが、憲法改正問題の本質から外れている印象が払拭できないことにより、多くの支持は得られなかった。

次いで、出て来たのは緊急事態条項（国家緊急権規定）や環境権、プライバシー権の新設という話だった。これも、何か憲法改正テーマのストライクゾーンからは少し外れている印象があって、議論は盛り上がりを欠いた。

誰が考えても、憲法改正問題の核心は、国の安全保障のあり方を定める憲法九条をどうするかにあることは明らかである。その意味から言えば、今回の安倍首相の発言は評価できるものといえよう。しかし、その中身は疑問だらけである。首相のメッセージは、現在の憲法九条の一項と二項はそのままにして、新たに三項を設けて自衛隊の存在を明記するというものである。憲法学者の六割ないし七割が自衛隊を違憲としている状況だから、はっきりと憲法に自衛隊を明記するべきだというのである。自衛隊ないし自衛軍の存在を憲法の上に明記するということには全く異論はないが、問題は「現行の一項と二項をそのままにして」というところである。

周知のとおり、九条二項は前文の趣旨と相まって徹底した非武装主義を法規範として明示している。「陸海空軍その他の戦力は、これを保持しない。国の交戦権は、これを認めない。」という極めて明確な規定がこれである。その規定はそのまま残して、三項に自衛隊の存在を明記したらどうなるというのだろうか。自衛隊は二項で保持を禁じられている戦力ではないのか、軍隊ではないのかという、あのバカバカしい議論をまた蒸し返すつもりなのだろうか。三島由紀夫が指摘したように、「もっとも名誉を重んずべき自衛隊を、もっとも悪質の欺瞞の下に放置」しつづけることになろう。

なお、平成二十四年に公表された自民党の最新の憲法改正草案は、九条二項の削除を前提に国防軍の保持を新設するものであった。この自民党草案は、九条の二として、「我が国の平和と安全並びに国及び国民の安全を確保するため、内閣総理大臣を最高責任者とする国防軍を保持する」と定めている。その意味から、今回の安倍首相の新提案は、さきに述べた自衛隊違憲論との理論的整合性はもとより、自民党の公式改憲草案との関係からも大いに問題となると言わなければならない。

戦後七十年、憲法九条は、ある意味で一定の「存在理由」を持ってきた。この規定によって、わが国はまがりなりにも防衛費を抑制し続け、経済成長優先の政策をとることを可能にしたほか、海外派兵の禁止や集団的自衛権の行使禁止を導き出す規範として機能してきた、と言える。けれども、わが国が大きな戦争に巻き込まれることなく、表面的な平和を享受してきたのは九条のおかげであろうか。そうではあるまい。国際社会の現実を冷静に見る限り、力の均衡によって紛争が抑止されてきたことは明らかである。

隣国中国の軍拡と度重なる領海侵犯、北朝鮮のミサイルの脅威にさらされながら、国の安全を保つことができたのは、昭和二十七年の独立回復と同時に締結された日米安保条約と、昭和二十九年に保安隊から改組された自衛隊の存在のおかげだと言える。しかし、今日でも国民の九割以上が必要であると考え、信頼を寄せる自衛隊の憲法上の根拠は極めて不明確なままである。戦後長きにわたって、憲法改正は先送りされてきた。憲法を改正しないまま、国の安全を保つために政府は、「戦力にあらざる必要最小限度の実力」を保持する道を選んできた。

日本国憲法は、その前文と九条で、世界で唯一非武装の平和主義を標榜している。九条二項は、戦力の不保持と交戦権の否認を明確に定めている。しかし、今や自衛隊は世界有数の戦力、軍隊に成長している。二十二万を超える隊員を擁し、防衛費はイギリスとほぼ同額の五兆円を超え、その装備、兵力、訓練、教育、施設のどれをとっても立派な戦力、軍隊である。

この憲法規範と現実との乖離は、国民心理の中に「二重の基準」をもたらした。国民意識の中に、「平和憲法も自衛隊も、憲法九条も安保条約も、反核も核の傘も」という二重の基準が浸透し、規範と現実の矛盾に正面から向き合わない「思考停止」が蔓延した。国民は、平和主義の理念を建前として唱える一方で、本音の部分では日米安保条約に依存して経済的繁栄を謳歌し、中国、北朝鮮からの軍事的脅威に対する安全保障を享受してきた。

まさしく、「国の根本問題である防衛が、御都合主義の法的解釈によつてごまかされ、軍の名を用ひない軍として、日本人の魂の腐敗、道義の頽廃の根本原因をなして来てゐる」と言っても過言ではない。このような国民的欺瞞は、自国の存立と防衛に真摯に取り組もうとしない無責任、無関心な国民を大量生産しただけでなく、法治国原理ないし立憲主義の見地からも看過できない状況を生み出している。

私たちは、正面から、いかにして国の安全を守るかという課題に向き合わねばならない。現在の自衛隊の存在を現行憲法の解釈で説明できるだろうか。自衛隊を合憲の存在だと言えるだろうか。もういい加減に、欺瞞や姑息なごまかしはやめなければならない。

本書は、国の存立と国民の生命、自由、財産を守るという最も重要な問題を、読者の方と共に真正面から考えようとするものである。

Ⅰ　憲法論と政治論の峻別

そもそも憲法とは何か

憲法九条の議論を始める前に、まず確認しておきたいことがある。それは、ほかでもなく、そもそも憲法とは何かということである。少し教科書的な説明になるが、おつきあい願いたい。基礎的な知識や理論というのはあまり面白くないものだが、足腰のしっかりした議論をするためにはどうしても必要になるからである。

私達が、日常的に使う「憲法」という言葉は、明治時代に創られた翻訳語である。原語は、英語ではコンスティテューション（constitution）、ドイツ語ではフェアファッスング（Verfassung）という語である。明治期のわが国では、一時期、これを「政規」「国按」などと訳したこともあったが、その後「国憲」という語が広く用いられ、やがて現在の「憲法」という語に落ち着くことになる。

ところで、このコンスティテューションとかフェアファッスングという言葉は、もともと構造とか構成、組織、体質という意味があり、その国の統治のあり方やそれが形成されてきた基本的な体制あるいは根本の秩序を反映した言葉である。これを一言で言えば、その国固有の統治の仕組み、広い意味の「国柄」と呼んでもよいかも知れない。

国柄というのは、現在の政府や政党、今生きている国民が即席で作ったようなものではない。その国ができた遠い昔から、先祖達が営々と築き上げてきた文化や伝統、慣習の中に見られる特徴というか、品格とでも呼ぶべきものである。それはちょうど「人柄」という言葉と似ている。人柄という場合、その人の一時期の言葉や行動・態度を指していうのではなく、その人の生きてきた長い人生の歴史の中で形成されてきた「その人らしさ」または「その人の特徴」というような意味で使うのが普通だと思われる。

この意味で言えば、あらゆる国家には、この意味における憲法というものは必ず存在する。

古代の国家においても、そこに権力的な秩序が存在する以上、この意味での憲法が存在する。もっとも、その憲法の内容はしごく単純なものかも知れないし、慣習的なものかも知れないが、それでも国家統治の体制の根本原則を示していることに違いはない。憲法学の世界では、これを「実質的意味または固有の意味の憲法」と呼ぶ。つまり、その国家における政治権力の基本的なあり方を決めているルール、つまり規範をいう。この意味での憲法は、いかなる社会、いかなる国家にも存在する。

しかし、私達が普段使っている「憲法」という言葉の意味としては、これから述べることの方がはるかに重要である。近世のヨーロッパにおいては、国家というものは国王がその支配下にあった封建領主達を支配していく過程で、国王がその権力を集中し絶対王政を確立する中で生み出されたという側面がある。私達が普通に使う憲法という言葉は、実は、この絶対的な国王の政治権力を制限して、その下で生活する国民の権利と自由を守ろうとする努力の中で作られてきたという歴史を持つ。無制限な絶対的権力というものは、国民に対する生殺与奪の権力であり、極めて恐ろしいものである。当然のことではあるが、時代の推移によって、その支配下にあった国民の側からは、何とか国王の権力の行使に制限を加えようとする要求が出てくる。

これが、「立憲主義」という考え方である。つまり、国王の行使する無制約な権力を憲法の枠内に収めさせよう、言い換えれば、国王の権力行使を憲法に基づくものでなければ正当なものではないということにしよう。国王も憲法によって拘束される存在にすること、国王の権力を憲法によって授権された範囲内に留めさせようとすることが立憲主義の要求なのである。通常、この意味での憲法を、「立憲主義的意味または近代的意味の憲法」と呼ぶ。

この意味での憲法の目的は、ただ一つ、国家権力を制限し、国民の自由と権利を守ることにある。そのためには、まずは憲法の規定によって、これまでの歴史の上で侵害されてきた国民の自由と権利の保障を明記し、ついで権力の横暴を許さないために権力の分立を定める必要がある。権力の集中は絶対的な権力を生み、「絶対的権力は絶対的に腐敗する」（イギリスの歴史家ジョン・アクトンの言葉）と言われる。絶対王政を打倒した後のフランス人権宣言（一七八九年）の一六条が、「権利の保障が確保されず、権力の分立が規定されないすべての社会は、憲法をもつものではない」と述べているのは、まさに立憲主義的意味の憲法をよく表している。

現代の民主主義諸国は例外なく、立憲主義に基づく権力制限規範、授権規範としての憲法、すなわち近代的意味の憲法を持っている。逆に言えば、わが国の隣国の中には、大統領を批判する記事を書いただけで出国を拒否され、拘束され裁判にかけられるような国があったり、政府に対して国民の自由を保障するよう要求しただけで投獄され、拷問にかけられるような国が見られるが、そのような国はお世辞にも近代的な憲法をもつ立憲主義国家とは言えない。

ここで、確認しておきたいことは、立憲主義に基づく憲法は、政治権力を制限する規範として存在するのだから、その解釈は、まずはそこに規定されている文言の意味を重視し、他の条文との整合性、立法の趣旨などに配慮しつつ体系的に厳密に行われなければならないということである。また、当然のことながら、その最終的な解釈権は政治権力の担当者には持たせるわけにはいかない。憲法の解釈権は、権力から離れて存在し、公正な判断のできる最高裁判所を頂点とする司法機関に委ねられるとともに、その解釈は学問的な批判にも耐えられるものでなくてはならないのである。

政治論と憲法論

憲法の解釈は、文学作品の解釈とはまったく異なる。憲法や法律の解釈には、条文に示された文言の意味、立法目的、他の規定との整合性などから、一定の枠（限界）がある。まして、政治権力の暴走を制限しようとする憲法の解釈においておや、である。

ところが、ここには少々やっかいな問題がある。というのは、他の法律と違って、憲法という規範は極めて政治的色彩が強いという特色があるからである。定住外国人に地方選挙権を付与することは憲法に違反するのかしないのか、内閣総理大臣や閣僚が靖国神社を公式に参拝することは憲法違反か、国家秘密と取材の自由の関係をどう考えるかなど、憲法訴訟は民法や刑法に関する訴訟とは異なり、政治的な色合いをもつものが少なくない。

とりわけ、わが国の安全保障をどうするか、日米安保条約と憲法九条の関係をどう評価するか、自衛隊と集団的自衛権行使の問題をどう考えるかとなると、少し以前では国論を二分するほどの政治的立場の対立があったテーマである。このような高度の政治性を有する憲法問題を論ずる際に留意すべき点は、政治論・政策論と憲法解釈論とを峻別することであろう。

わが国をとりまく最近の国際情勢の変化、特に北朝鮮による大陸間弾道ミサイル発射と核実験、中国の軍拡と尖閣列島周辺海域への領海・領空侵犯の増加、韓国による竹島の不法占拠などに見られる軍事的脅威、アメリカの軍事力の相対的低下が叫ばれる中で登場したトランプ政権の強硬な姿勢などから、わが国の安全保障をより確実なものとする必要性は認められる。そのような国際情勢の緊迫化を背景にして、平成二十七年、政府は閣議決定により、これまでの解釈を変更して集団的自衛権の行使を限定的に容認した。また、これにあわせて自衛隊法の改正を含め安保関連法制を整備した。

けれども、集団的自衛権の行使や安保法制が政治的に必要であることは認められるとしても、憲法を単なる政治的規範ではなく法的規範(権力制限規範)として解する限り、現在の憲法の下で集団的自衛権の行使を容認することはもちろん、その主体となる自衛隊そのもの

の憲法適合性、合憲性には大きな疑問があると言わざるを得ない。

いうまでもないことだが、集団的自衛権の行使ないし自衛隊の存在を容認すべきか否か、あるいは、それがわが国の安全保障にとって必要か否かという議論は、「政治論・政策論」である。これに対して、集団的自衛権の行使や自衛隊の存在が憲法上許されるか、あるいはそれが憲法解釈上認められるかの議論は「憲法解釈論」である。

これまで述べてきたように、立憲主義の観点から、憲法は権力制限規範・授権規範としての性質を有することから、憲法の解釈には一定の「枠」があり、その解釈には一定の「限界」が存在する。その解釈の枠を考究することが憲法解釈学の任務であり、政治的必要がその解釈の限界を超えると考えられる場合には、「憲法改正手続」に従って憲法規定それ自体を改正・変更するのが立憲主義の筋道というものである。自衛隊や安保法制が必要であるから合憲になるわけでもなく、危険で不必要だから憲法違反になるわけでもない。それがすなわち、政治論と憲法論、立法論と憲法解釈論との違いである。

ところで、これに関連してもう一つ注意すべき点がある。というのは、自衛隊は憲法違反、集団的自衛権の行使と安保法制も違憲であるとする立場の論者（学者・政治家・国民）が、必ず自衛隊の解体ないし安保法制の廃止を唱えるのだ、と考えるのは大きな間違いだということである。

そうではなくて、自衛隊や安保法制の憲法上の位置づけには大きな疑義があり、憲法違反だと解釈せざるを得ないがゆえに、憲法九条を改正し、それらの憲法適合性を明確にするべきだとする見解が存在する。自衛隊は違憲、ゆえに改憲すべしという立場がこれである。このような立場こそ、祖国の安全と防衛を真剣に考え、同時に立憲主義に忠実であろうとする、まっとうな国民や研究者の立場ではないかと思われる。

まさに、この見解が本書の立場である。

さて、この章では、まず集団的自衛権の行使の主体となる自衛隊自体の憲法適合性を検討していくことにしよう。

主権、自衛権、対日平和条約

平成二十七年六月に開かれた衆議院の憲法審査会の席上、自民党推薦を含む参考人の憲法学者三人全員が、当時審議中の集団的自衛権行使とそれを認める安保法案を違憲であると指摘した。マスコミはこれを大きく取り上げた。しかし、このことに驚く方がおかしかった。なぜなら、集団的自衛権行使を容認する法案が憲法違反であることは憲法解釈論として正しいからである。

考えてみてほしい。現在の憲法九条には何と書いてあるだろうか。

「日本国民は、正義と秩序を基調とする国際平和を誠実に希求し、国権の発動たる戦争と、武力による威嚇又は武力の行使は、国際紛争を解決する手段としては、永久にこれを放棄する。

前項の目的を達するため、陸海空軍その他の戦力は、これを保持しない。国の交戦権は、これを認めない。」

いまだかつて、世界に例のない特異な規定というほかはない。特に、「陸海空軍その他の戦力」を保持せず、「国の交戦権」を自ら否認するとした条文は前代未聞である。それを一言一句改正せずに、そのままにして、普通の国の軍隊が行使できる集団的自衛権の行使を解釈で認めることが、はたして許されるのか。

いや、その前に、そもそも集団的自衛権を行使する主体である自衛隊そのものが、「陸海空軍その他の戦力」に該当しないと解釈できるのか。さきの憲法審査会に出席した三人の憲法学者は、自衛隊の合憲性についてはどのように考えているのか。どうも、三人とも自衛隊は合憲であると解釈しているように思われるが、その論拠を詳しく教えてもらいたいものである。

私は、憲法九条の問題を考える際には、その成立過程の問題点を整理しておかなければならないと思っている。

まず、現在の憲法は、占領期間中、わが国に主権も自衛権も存在しない状況の下で、「日本国ガ再ビ米国ノ脅威トナリ又ハ世界ノ平和及安全ノ脅威トナラザルコト」（初期対日方針）を目的とする連合軍総司令部ＧＨＱ民政局員の手で一週間足らずで起草され、徹底した言論統制、検閲下で審議・議決されたものである。

昭和二十年から二十七年まで日本には主権はなかった。その間、外見的には内閣総理大臣もいたし政府も議会も存在していたが、日本に主権はなく、主権はＧＨＱにあったというほかはない。昭和二十年九月二日に署名された降伏文書には、「天皇及日本国政府ノ国家統治ノ権限ハ本降伏条項ヲ実施スル為適当ト認ムル措置ヲ執ル聯合国最高司令官ノ制限ノ下ニ置カルルモノトス（subject to）」と記されていた。

「主権」という語は多義的で少しわかりにくい面があるが、ここにいう主権は「国の政治の方向を最終的に決定する力または権威」を意味する。この意味からすれば、「憲法を制定する権力」こそ主権そのものとも言える。主権を持たない状態で憲法を制定することなどできるはずがない。占領軍に押しつけられた憲法だとか、いや憲法の内容がよいから国民が支

持したとか、当時の国民はこの憲法を歓迎したなどという次元の問題ではないのである。

その意味からすれば、本来は、この憲法は無効だと言える。強いてこれを弁護するとしても、せいぜい「占領管理法」として効力を有していたものを日本政府が黙示の承認を与え、天皇が裁可されたこともあって、その後、これが事実上憲法としての機能を果たしてきたと言うほかはない。G・イエリネックのいう「事実の規範力」の理論を持ち出して、法の効力をめぐるやっかいな問題に入り込むことになる。

このようなわけで、世界に例のない特異な非武装の規定は、主権も自衛権もないという特殊な状況の中で作られたことを忘れてはならない。この意味からすれば、憲法九条の条文は主権が否定されていた占領期間の状態と全く一致しており、皮肉な表現をすれば、当時の日本の状態をそのまま法的に表現したもので、法的に何の矛盾もない規定であったと言える。

しかし、やがて足かけ七年に及ぶ連合国による占領が終わり、昭和二十六年九月、サンフランシスコで対日平和条約が締結され、翌年の四月二十八日に条約が発効し、わが国は主権を回復する。ところが、その時点で憲法九条は現実と齟齬をきたすことになる。自衛権は主権の一側面として独立主権国家固有の権利とされるから、当然、主権回復時に自衛権も回復する。後に詳しく述べるが、外国からの急迫不正な侵略・武力攻撃が発生した場合に、自国の国土・国民を防衛するために武力を行使する権利である自衛権は、当然のことながら、武力（戦力）の保持とその行使を前提とした権利である。

これを否定する憲法九条は、この時点でデッド・ロックに乗り上げたのである。本来ならば、この時点で日本国民と政府は当然のことながら憲法九条を改正すべきだった。しかし、政府も国民もあえて憲法改正の議論をしなかったのである。この時以降、九条の改正を避けた政府による苦し紛れの欺瞞に満ちた解釈が繰り返されることになったのである。

Ⅱ　自衛隊合憲論に説得力があるか

結論から述べよう。

わが国の安全保障のために自衛隊の存在が必要であり、それに対する国民の信頼がいかに厚くても、憲法の解釈の上からは自衛隊を合憲とすることは無理というほかはない。その根拠は極めて明確である。自衛隊が憲法九条二項で保持を禁じられている「陸海空軍その他の戦力」に該当するからである。どう考えても自衛隊は憲法違反の存在である。

これに対して、少数ながら、学者や政治家の中には現在の自衛隊の存在をなんとか憲法に適合させて解釈しようとする立場が見られる。

自衛戦力合憲説、自衛力合憲説、政治的マニフェストないし政治的規範説そして憲法変遷論という四種類の見解がこれである。はたしてこれらの見解に説得力はあるのだろうか。

1．自衛戦力合憲説の無理

憲法九条一項では、自衛・制裁目的の戦争までは放棄されておらず、違法な侵略戦争が放棄されているにとどまり、二項冒頭の「前項の目的」の文言は一項の後段つまり侵略戦争の放棄を意味し、その目的を「達するため」の語は戦力不保持を限定すると解釈する。

憲法が定める戦力の不保持も、侵略戦争の放棄という目的によって限定されているから、自衛のための戦力の保持は二項でも禁止されていない、とする説がこれである（この見解を採用するものとして、佐々木惣一『日本国憲法論』有斐閣、昭和二十五年、二三一頁以下、大石義雄『日本国憲法逐条講義』有信堂、昭和三十二年、六六頁以下、宇都宮静男『憲法第九条の変遷と解釈』有信堂、昭和四十九年、一六五頁以下、西修『国の防衛と法』学陽書房、昭和五十年、三四頁以下、安澤喜一郎『起草および制定の事実に立脚した憲法第九条の解釈』成文堂、昭和五十六年、一四九頁以下、小林宏晟『国防の論理』日本工業新聞社、昭和五十六年、三一九頁以下などがある）。

この見解は、その論拠として次の諸点を指摘する。

国際紛争を解決する手段

（一）九条一項ですべての戦争が放棄されるという見解は、「国際紛争を解決する手段としては」という文言を軽視するものだ。あたかも、この文言が存在しないかのように解釈することは妥当でない。

（二）この文言が自衛・制裁戦争までも含むと解することは、国際法や憲法の歴史を軽視することになる。同様の文言をもつ不戦条約や諸国の憲法（イタリア憲法一一条、ブラジル憲法七条、バングラデシュ憲法二五条、ユーゴスラビア憲法前文）が、自衛戦争まで放棄していないことは周知の事実である。

（三）この文言は、このような歴史的、国際的文脈の中で用いられているのであり、憲法解釈が可能な限り国際社会の用法を尊重すべきことは当然である。

（四）この文言の淵源はマッカーサーノートの第二原則にある。そこでは、「紛争解決の手段としての戦争」は「自己の安全を保持するための手段としての戦争」と区別して用いられており、自衛戦争を含まないものとされていた。さらに、後者は民政局での起草作業の中で削除された経緯がある。

（五）自衛戦争等は、違法な侵略を排除することを目的として行われるものであるから、国際紛争の解決手段ではない。

芦田修正

また、この見解は二項冒頭の「前項の目的を達するため」という、憲法改正小委員会の委員長芦田均による修正に関して次のように指摘する。

（一）ここにいう「前項の目的」は、一項後段に規定する侵略戦争の放棄を意味し、その目的を「達するため」の文言は戦力不保持を限定すると解することができる。

（二）戦力不保持は、侵略戦争の放棄という目的によって限定されているから、自衛のための戦力の保持は二項でも禁止されていない。

（三）芦田修正がなされた後、極東委員会が「文民条項」の挿入を強く要求してきたことは、この修正によって九条の下でも軍隊を保有しうる解釈の根拠になる。

交戦権

さらに、九条二項後段の「国の交戦権」否認規定に関して次のように指摘する。

（一）二項にいう交戦権は、国際法上交戦国に認められている諸権利の総称を意味する。

（二）つまり、敵国兵力の殺傷・破壊、敵国領土の占領、そこにおける占領行政、敵国船舶の拿捕、中立国船舶の臨検などが含まれる。

（三）二項は上記の諸権利を否認しているのであり、国家の戦争をする権利自体を否認しているわけではない。

（四）わが国は、わが国自身が他国に対し国際法上認められる交戦権という権利を主張しないということであり、戦争という事実活動をしない、というのではない。

（五）また、交戦権の否認も、「前項の目的を達するため」の文言により限定されているから、自衛戦争には及ばない。

疑問だらけの自衛戦力合憲説

この見解に関しては、次のような疑問がある。

まず第一に、「前項の目的」の文言は、一項の構造およびその修正の経緯・過程から見て、一項冒頭の「日本国民は、正義と秩序を基調とする国際平和を誠実に希求」するという目的を指すと解するのが妥当である。もしも、右の見解のように、二項が自衛のための戦力は保持できるとの規定であると解するならば、自衛戦争を放棄していない以上、そのための戦力を保持しうることは自明のことだから、二項はまったく不必要な規定となる。

また、自衛戦争と自衛のための戦力が認められているとすれば、（交戦権否認の問題は別として）日本国憲法は世界大多数の諸国の憲法と異ならないことになり、平和主義を基本原則とし、第九条を独立の章として、しかも、人権保障の章に先行して規定していることも合理的に説明できなくなる。

第二に、戦力（軍隊）について、あらかじめ自衛のための戦力・軍隊と侵略のための戦力・軍隊という区別を設けること自体、不可能である。常識に属することだが、世界の諸国が保持している戦力（軍隊）は、建前上はすべて自衛のための戦力（軍隊）ということであろう。どのような強大な軍隊を持っている国でも、それは建前上はすべて自衛のための最小限度のものということになっていることは常識である。憲法の規定で、侵略のための戦力・軍隊を保持するなどと定める国があるはずがないからである。

つまり、自衛のための戦力ならば保持できるとすることは、戦力一般の保持を認めることとなり、憲法九条二項の規範的な意味を無にするものとなる。世界の憲法史上、類例のない特異な戦力不保持の規定を、このように無意味にするような解釈は明らかに無理というほかはない。

第三に、芦田均のような立法に参与した一議員の心裡留保は、制定された客観的な条文（正文）の効力に何らの影響を及ぼし得るものではない。まして、芦田の発言内容には、憲法改正委員会の委員長としての発言と、その後の発言との間に大きな差異が存在する。

芦田の委員長としての公的発言によれば、「前項の目的を達するため」という文言は、二項の戦力不保持に内容的な限定を加えるために挿入されたのではなく、むしろその動機が「人類の和協、世界平和の念願」に基づくことを強調するために付加されたものである、と述べている。いずれにしても、上記の芦田修正条項によって憲法制定議会における立法者意思が変更されたとする記録は、制憲議会の議事録には何も残されていない。

芦田が自衛戦力保持の可能性・合憲性に論及したものは、すべて憲法が制定・公布された後の段階のものであり、改正作業時のものではない。言うまでもないことであるが、立法者意思を解明する資料としては、制憲作業時の立法関係者の発言や意図が対象とされ、制定作業終了後の発言や意図は、単なる解釈者の見解にすぎないと見るべきである。

第四に、文民条項の導入要請については、極東委員会が、芦田修正が将来日本の再軍備を可能にするのではないかという疑念を背景にするものであったことは明らかであるが、日本政府と審議に当たった貴族院小委員会は、この修正によって戦力保持が可能となるとは全く考えていなかった。極東委員会や総司令部が抱いた疑念は、憲法解釈の際の参考資料にはなり得るとしても、立法者意思にはなり得ないと見るのが常識であろう。

なお、後に見る「安保法制懇報告」も触れているように、いまだに芦田修正を論拠として自衛戦力の保持を合憲とする考え方があるようなので、この点については、あとで詳しく論ずることにする。

第五に、九条二項が、交戦権の否認という自衛戦争の遂行に致命的な支障をもたらす規定を設けた上で、なお自衛戦争を認めていると解釈することは、合理的にはとうてい理解できない。

侵略してきた国は国際法上の交戦権を行使するのに、自衛をする側はその権利の行使を否認するという、錯乱的状態を想定することになる。交戦権の意味をどう解するにせよ、その否認は自衛戦争の否定を意味すると解さざるを得ない。さらに、「前項の目的を達するため」の文言は、交戦権の否認にもかかり、自衛戦争の場合には及ばないなどとする見解は、九条二項の規定を完全に無視したものであり、もはや、憲法解釈論の枠を超えたものといわざるを得ない。

第六に、自衛戦力合憲説は、立憲主義との関係でも根本的な問題を含んでいる。立憲主義の下においては、前に述べたように、国会や内閣は国家機関として、憲法上授権された諸権限を行使できるにとどまる。いかなる機関も憲法から発するものでない権能・権限を行使できないというのが、立憲主義の眼目だからである。

国会・内閣は主権の主体ではなく、憲法が権力の濫用を阻止すべく授権規範・制限規範として、一定の権能をそれらの機関に制限的に授権しているところからすれば、憲法規範の重要性は否定できない。一部の論者は、日本国憲法が明示的に自衛のための「戦力」を否定していないから、それを保持し行使することが可能であるかのように主張するようであるが、これこそ立憲主義を理解していない見解と言わざるを得ない。立憲主義に立つかぎり、国家の機関は憲法によって明示的に与えられた権限をもつにすぎないと考えるべきなのである。

第七に、この説は、憲法前文との関係においても問題がある。その評価は別として、前文第二段は「日本国民は・・・平和を愛する諸国民の公正と信義に信頼して、われらの安全と生存を保持しようと決意した。」と述べ、「われらは・・・国際社会において、名誉ある地位を占めたいと思ふ。」とし、第四段で「日本国民は、国家の名誉をかけ、全力をあげてこの崇高な理想と目的を達成することを誓ふ。」と述べている。

侵略的で違法な戦争を放棄することは、国際法上当然の義務の履行にすぎない。当然の義務を履行したからといって、「名誉ある地位」を占めるわけでもなければ、「崇高な理想と目的を達成すること」にもならない。この意味から、前文第二段と四段は、国際法上当然の義務の履行以上のことを想定していると解さざるを得ないと思われる。

最後に、戦力・軍隊は国内最大の実力装置・組織であり、そのあり方と発動の要件は、国家の諸機関の正常な運用、立憲主義のあり方にとって、決定的というべき重要性を有するものである。もし、自衛戦力合憲論者が言うように、憲法が自衛戦力の保持を是認しているとするならば、当然に憲法に規定されていてしかるべき規定―宣戦講和の権限の所在、軍の指揮命令権（統帥権）と編成権の主体・帰属、その発動の要件・手続、その発動時における人権保障の例外など─が存在しないことは理解できない。

かりに、憲法が軍隊の存在を認めているとすれば、この種の規定を設け、軍の暴走を抑止することは立憲主義にとって不可欠の要請である。日本国憲法に、この種の規定が全く存在せず、逆に九条のような特異な規定が存在するということは、日本国憲法が全体として自衛のための戦力の保持も自衛のための戦争も一切否認した趣旨に基づく、と解さざるを得ない。自衛戦力合憲説は、憲法の論理的解釈としても採用できないことは明らかであろう。

「安保法制懇」の立場

安倍内閣の私的諮問機関であった「安保法制懇」（正式には「安全保障の法的基盤の再構築に関する懇談会」）報告書（平成二十六年五月十五日）も、この自衛戦力合憲説に立つように見える。

報告書の中の「あるべき憲法解釈」と題する箇所を引用してみよう。

「憲法第九条第二項は、第一項において、武力による威嚇や武力の行使を『国際紛争を解決する手段』として放棄すると定めたことを受け、『前項の目的を達するため』に戦力を保持しないと定めたものである。したがって、我が国が当事国である国際紛争を解決するための武力による威嚇や武力の行使に用いる戦力の保持は禁止されているが、それ以外の、すなわち、個別的又は集団的を問わず自衛のための実力の保持やいわゆる国際貢献のための実力の保持は禁止されていないと解すべきである」（報告書一九頁、傍点筆者）。

やはり、傍点をつけた箇所で明らかなように、「前項の目的を達するため」という芦田修正を論拠として、自衛や国際貢献のための実力は保持できるとしている。「戦力」という語を意識的に避けて、「実力」という言い方をしている点は姑息な印象を受けるが、それはともかくとして、報告書は自衛戦力合憲論に立っている。さすがに、政府もこの見解は採用しなかった。政府の判断は正しかったと言える。

安保法制懇報告のような見解は、これまで述べてきたように、学問的批判に耐えられないからである。ちなみに、この安保法制懇の構成員十四名のうち、一名を除いて憲法の専門家がいないということも不思議であった。

芦田修正を自衛戦力合憲の論拠にできない理由

前に述べたように、いまだに芦田修正を論拠にして自衛戦力（自衛隊）を合憲だとする論者がいるので、それが無理であることをここで再度確認しておこう。

帝国憲法改正案は占領下の昭和二十一年六月二十日、第九〇帝国議会に提出された。同月二十九日、帝国憲法改正委員会が設置され、外務省出身の芦田均が委員長に就任した。その後、実質的審議を可能とするため、小委員会が設けられる。この小委員会でも、芦田が委員長になり、各党の勢力に配慮して十四名の議員が選出され、法制技術に関する助言のために佐藤達夫法制局次長と政府見解を質す必要から金森国務大臣、木村司法大臣の出席を要請するということで、小委員会は七月二十五日から八月二十日まで合計十三回開催された。そして、八月二十一日に修正案は議会の委員会に報告、可決、二十四日には本会議に上程、可決され、貴族院に送付された。

当初、帝国議会に提出された原案（帝国憲法改正案第九条）は、次のとおりであった。

「①国の主権の発動たる戦争と、武力による威嚇又は武力の行使は、他国との間の紛争の解決の手段としては、永久にこれを拋棄する。

②陸海空軍その他の戦力は、これを保持してはならない。国の交戦権は、これを認めない。」

小委員会における審議の序盤では、戦争放棄と軍備不保持の積極性をより強調すべきだという意見が多数を占めた。このため、条文の中に、「平和を愛し国際信義を重視することを国是とする旨」を挿入すること、主体を「日本国」から「日本国民」にすること、漢字制限の観点から「拋棄」を「放棄」にすること、「国の主権」を「国権」に改めることなどが提案された。最後の提案は鈴木義男委員の提案によると言われている。

ところで、芦田小委員会の第四回目の審議（九条審議の二日目、七月二十九日）の冒頭、芦田は一部委員との協議の結果、次のような修正試案を提示した。

「①日本国民は、正義と秩序を基調とする国際平和を誠実に希求し、陸海空軍その他の戦力を保持せず、国の交戦権を否認することを声明す。

②前掲の目的を達するため、国権の発動たる戦争と、武力による威嚇又は武力の行使は、国際紛争を解決する手段としては、永久にこれを放棄する。」

この芦田が示した試案は、九条原案の一項と二項を入れ替えるものであるが、提案の理由として芦田は次のように述べている。

まず、（一）論理的にいえば、交戦権の否認は戦争をやらないということの前提であって、軍備は持たない、交戦権は認めないと言って、その後に国際紛争の解決手段として戦争はしないということが思想的には順序だと考えたので、一項と二項とを入れ替えた。（二）「保持してはならない」という表現は主体性に欠けて適切でないから、能動的表現の「保持しない」に改めた。（三）「陸海空軍その他の戦力を保持せず」と始めるのでは唐突に響くので、「日本国民は正義と秩序を基調とする国際平和を熱烈に希望する」旨を導入部に入れた。（四）

第二章は、特別の意味を与えられた箇所だから、それにふさわしい力を持った形で起草すべきであり、九条という条項は前文に入れるほどの文だから、そこでこれを大きく出す意味において、声明とか宣言とか言った方がむしろ内容に相応しいのではないかと思った。諸外国は外交文書的重要性をもってこの条文を見ているであろうから、宣言規定化し、ほかの条項との重要性から見ても少し変わった形で規定すべきと思う。

ここで一つ注目しておきたい点は、上記（四）の宣言規定化の問題である。議事録によれば、一部委員からは、わが国の採用する平和主義を強調する意味から宣言規定の導入に賛成する意見も見られたが、反対の意見も多かったようである。専門家として意見を求められた佐藤達夫は、声明とか宣言とかの文言を用いると原案よりも禁止的色彩が弱くなる点を指摘し、もし陸海空軍等を保持したとき、政府案では直接違反することとなるが、試案のような字句を入れると、声明や宣言に対して違反するにすぎないとも解釈されかねない旨を答えている（詳細については、森清監訳『憲法改正小委員会秘密議事録―米国公文書公開資料』第一法規、昭和五十八年、『第九〇回帝国議会衆議院　帝国憲法改正案委員小委員会速記録（復刻版）』現代資料出版、平成十七年、佐々木高雄『戦争放棄条項の成立経緯』成文堂、平成九年）。

芦田の意図と変節

ところで、「前項の目的を達するため」の文言の提案者・芦田均は、昭和二十一年八月二十一日、委員会における小委員長報告の中で次のように説明している。

「第一項の冒頭に『日本国民は、正義と秩序を基調とする国際平和を誠実に希求し、』と附加し、其の第二項に『前項の目的を達するため』なる文字を挿入したのは、戦争抛棄、軍備撤廃を決意するに至った動機が専ら人類の和協、世界平和の念願に出発する趣旨を明らかにせんとしたものであります。第二章の規定する精神は、人類進歩の過程に於いて明らかに一新時期を劃するものでありまして、我等が之を中外に宣言するに当り、日本国民が他の列強に先駆けて正義と秩序を基調とする平和の世界を創造する熱意あることを的確に表明せんとする趣旨であります」（衆議院事務局編『帝国憲法改正審議録戦争放棄編』新日本法規出版、昭和二十七年、一二三四頁）。

ここで芦田は、九条の「精神は人類進歩の過程に於いて明らかに一新時期を劃するものであり」、「他の列強に先駆けて」平和の世界の創造に熱意を表明した趣旨である、と述べている。とすれば、不戦条約においても認められた自衛戦力の保持では、「一新時期を劃するもの」

にもならず、「他の列強に先駆け」ることにもならないことを考えれば、この時の芦田は後に議論になる自衛戦力保持を合憲とする、いわゆる芦田解釈などは、彼の念頭にはまったくなかったというほかはない。

また、芦田は八月二十四日の本会議における委員長報告でも、次のように述べている。

「憲法草案は戦争否認の具体的な裏付けとして、陸海空軍其の他の戦力の保持を許さず、国の交戦権は認めないと規定して居ります。尤も侵略戦争を否認する思想を憲法に法制化した前例は絶無ではありませぬ。併し我が新憲法の如く全面的に軍備を撤去し、総ての戦争を否認することを規定した憲法は、恐らく世界に於て之を嚆矢《こうし》とするでありませう」（同書、二一〇頁以下、傍点筆者）。

右に見たように、芦田の小委員会での発言、委員会および本会議における報告を見るかぎり、帝国議会審議のすべての段階を一貫して、「前項の目的」が自衛戦力の保持を可能とするような発言は、まったく存在しないことは明確である。

ところが、芦田の見解は十一月三日の憲法公布の日に刊行された自著『新憲法解釈』（ダイアモンド社）において激変する。この書物の中で、憲法九条が放棄した戦争は侵略戦争であって、自衛のための戦争と武力の行使はこの条項によって放棄されたのではない、と述べたのである。

また、翌年の新聞では、「前項の目的とは何をいうか。この場合には国策遂行の具としての戦争、または国際紛争解決の手段としての戦争を行うとの目的を指すものである。自衛のための武力の行使を禁じたものとは解釈することが出来ない」と述べるに至った（毎日新聞昭和二十六年一月二十六日）。

さらに、芦田は、昭和三十二年、憲法調査会の参考人として、「前項の目的を達するため」という修正について、明瞭を欠くものであるが一つの含蓄をもってこの修正を提案した、として次のように述べた。

すなわち、「『前項の目的を達するため』という辞句を挿入することによって原案では無条件に戦力を保持しないとあったものが、一定の条件の下に武力を持たないということになります。日本は無条件に武力を捨てるのではないということは明白であります」と述べて、自衛戦力の保持の可能性を説明した（『憲法調査会第七回総会議事録』九一頁）。

このように、芦田の発言には、その公的な発言と私的なそれとの間に百八十度ともいえる変化が見てとれる。もともと、法令の解釈というのは、まずは立法の目的を客観的な条文の文言に基づいてなされるべきものである。例外的に、特定の文言の意味について解釈がさまざまに分かれ、どうしてもその意味が明確にならないような場合には、立法の過程での関係者の意見や議論を参考にして、その意味を確定する方法が用いられることがある。

一般に、法令は一度制定されると、いわゆる独り歩きをし、それ自身独立した意味を持つようになるから、立法者の意思は、あくまで法令を解釈する際の参考資料とする限りのものである。このような場合、国会審議の際の提案理由の説明とか質疑応答を記録した「審議録」（議事録）、立案に際しての立法例などの参考資料が参照されることがある。芦田の発言も、その域を出るものではない。

占領下、ＧＨＱの監視下に置かれていた帝国議会での審議ということを最大限考慮するとしても、右に見たように極端な変化を見せる芦田発言を、九条解釈についての立法者意思として、自衛戦力合憲説の論拠とすることが無理であることはあまりにも明らかであろう。

2．自衛力合憲説―政府解釈―の欺瞞

「戦力を保持しない」という世界に例のない憲法九条を掲げながら、大多数の国が持つ自衛のための戦力保持を合憲とする見解が無理であることは確認した。

ところで、戦後の日本を取り巻く国際情勢は厳しいものであった。まず、昭和二十四年、

共産主義を旗印とする中華人民共和国が誕生、その翌年に勃発した朝鮮戦争に関連して在日米軍を補完する意味から警察予備隊が設置され、二十七年には対日平和条約と同時に日米安保条約が締結され、日本国内に多くの米軍基地が置かれた。占領軍がその名称を変え、駐留軍という形で存在し続けることになったのである。

アメリカとしては、日本を独立させることによって他の戦勝国の干渉を封じることができ、日本に戦争と軍備を放棄させることによって、防衛に関する対米依存を余儀なくさせることができた。もっとも、アメリカは日本の独立回復を機に、日本政府に憲法改正をほのめかし再軍備を期待してきたという場面もあったが、吉田首相は、再軍備は経済的に無理だとしてこれを断る。

皮肉にも、この時点で平和憲法(九条)と日米安保体制は、ワンセットとして日本の独立の条件となったのである。対日平和条約が、いわゆる全面講和とはならなかった原因もこのあたりにあった。

やがて、世界は東西冷戦の時代に突入、国内の各地で基地闘争や反安保闘争が展開され、昭和三十五年には安保条約改定反対のデモ隊が国会に突入するという事態も起きた。昭和三十七年にはキューバ危機があり、翌年あたりからベトナム戦争が泥沼化し、昭和四十一年頃には中国で文化大革命が始まり、それに呼応するように、国内では左翼学生運動が過激化していった。

このように、主権回復後のわが国は、東西両陣営の冷戦構造のまっただ中に突入し、日米安保条約と憲法九条の狭間で、対米従属という構造の中で自国の安全保障を模索することになったのである。

そこで、九条に何らかの法的意味を持たせながら、何とかしてわが国の平和と安全を確保するための実力の保持を合憲化しようとする見解が登場することになる。

憲法上、戦力は持てないが、それに至らない何らかの実力を保持できるような憲法解釈を導き出そうというのが、ここに見る「自衛力」合憲説といわれるものである。自国の防衛に責任を持とうとする学者・研究者達は、与えられた憲法の枠の中で何とか理論を構築しようと苦慮したと思われる。歴代の政府もこの立場をとってきた。以下、この理論を検討してみよう。

田上穰治教授の見解

比較的早い段階で、一橋大学の田上穰治教授は、憲法一三条を根拠とする自衛力合憲説を展開した。

少し長くなるが、重要な箇所なので、正確に引用してみよう。

「憲法第九条の解釈には、憲法の他の規定との有機的関係、殊にその基本原理との調和を検討しなければならない。わが憲法の基本原理として国民主権・人権尊重および国際協調の三原則があげられる。・・・殊に国家が国民の生命・身体および財産の安全を保障するために必要な制度であるとすれば、それは急迫不正の侵略に対し自己を防衛する権利がなければならない。憲法一三条は、立法その他国政の上で国民の基本権を最大限度に尊重すべきものと定めるが、それは原則として国民の自由を侵してはならないとする消極的な不作為請求権の宣言のほか、国民の生命・自由・財産に加えられる国内的および国際的な侵略を排除するため積極的に国権の発動を要請する、公共の福祉の原理を含むものである。ここに国内の公共の安全と秩序を維持する警察権とともに、国外からの侵略に対する国の自衛権の憲法上の根拠がある」。

「国際連合の集団安全保障が徹底しないかぎり、国の自衛権を行使するに必要な手段がなければならず、防衛目的をもつ手段をすべて違憲と解するならば、自衛権を要請する憲法の基本原理と矛盾する。したがって侵略に対して防衛を任務とする実力部隊は、警察力と異なるが、それが近代戦争遂行能力、いいかえれば単独に外国の戦力と交戦できる程度の人員および装備をもたないかぎり、戦力と区別する必要がある。・・・警察力・・・の限度は治安の情況によって相対的に変化するのと同様に、自衛隊の人員および装備が戦力に至らない自衛力の程度であるか否かも、わが国の地理的環境と国際情勢によって変化する。・・・少なくともわが国周辺の諸国に何らの危険を感ぜしめない程度の人員と装備ならば、戦力に至らない自衛力である。」(田上穣治「主権の概念と防衛の問題」宮澤俊義先生還暦記念『日本国憲法体系第二巻』有斐閣、昭和五十五年、六三頁。傍点筆者)。

佐藤達夫氏、林修三氏の見解

また、実務家として日本国憲法の制定に深く関わった内閣法制局の佐藤達夫氏も次のように述べている。

「憲法の解釈は、一つの条文ばかりにらんでいても正しい結論は出ない。たとえば、一三条・・・では、国民の生命・自由・幸福追求の権利については、国政上最大の尊重が要請されている。だから、この条文からいうと、外敵の侵入によって国民の安全が害されるような場合、国は、あらゆる手段によってそれを撃退しなければならないことになる。その方からいうと、防衛のための実力は強ければ強いほどいいわけである。・・・その意味では第一三条は国の戦闘力をおし上げる方向の要請を含んでいる」(佐藤達夫『憲法講話』立花書房、昭和三十四年、一九頁)。

後任の内閣法制局長官を務めた林修三氏も、同様な見解を示している。

「『陸海空軍』という文言は、それに続く『戦力』ということばの形容詞であって、憲法が禁止しているのは、『戦力』であると解すべきである。・・・いいかえれば、自衛のため必要相当な最小限度以下の自衛力は、それがそぼくな意味では、戦力であっても、第九条第二項で禁止される戦力にはあたらない、したがって、その程度のものを保持しても、第九条第二項違反にはならない・・・。なお、このような第九条の趣旨から導き出される解釈のほかに、自衛力（自衛隊）合憲論の裏付けとして、憲法第一三条の趣旨からする説明もありうると思われる。・・・わが国が、外国から侵略されて、わが国土および国民が、外国軍隊の銃火の下にさらされるということは、国民の生命、自由および幸福に対する最大の災害であり、最大の災厄でもある。したがって、国は、国政の上で、国民がこういう災害や災厄を受けないよう、ふだんからその施策を十二分に講ずる義務があるわけで、そういう意味からいえば、外国の侵略を未然に防止するため、ある程度の自衛力をもつことは、憲法第一三条の趣旨からも、国に要請されるところだといえるのではないかというわけである」（林修三『憲法の話』第一法規出版、昭和四十八年、六六―六八頁）。

政府の解釈

これらの見解を受けて、従来の政府解釈は次のように述べる（昭和四十七年政府見解・要約）。

（一）憲法九条は、自衛権を否定するものではない。

（二）自衛のためであっても、「戦力」の保持は認められない。

（三）自衛のための必要最小限度の実力（「自衛力」）の保持は認められる。自衛隊は、この自衛のために必要最小限度の実力であり、九条二項で禁止される「陸海空軍その他の戦力」にはあたらない。

（四）必要最小限度の自衛力によって、自衛の範囲である限り、自衛の行動をとることは認められる。

（五）武力の行使を目的・任務として自衛隊を海外に派兵することは、自衛の範囲を超えるものであり、認められない。

（六）国連憲章五一条は個別的・集団的自衛権を認めており、わが国も国際法上は集団的自衛権を有するが、憲法上は、集団的自衛権の行使は自衛の範囲を超えるものであり、許されない。

（七）いわゆる国連軍への参加は、一概に違憲とも合憲ともいえないが、その国連軍の目的と任務が武力の行使を伴うものであれば、それへの参加は憲法上認められない。

（八）将来、国連憲章四三条に基づく正規の国連軍が創設された場合、それへの参加には憲法上の問題がある。

なお、上記（六）に関しては、平成二十六年七月一日の閣議決定による解釈変更で、次のように変更された。

「集団的自衛権の行使については、①わが国に対する武力攻撃が発生した場合のみならず、わが国と密接な関係にある他国に対する武力攻撃が発生し、これによりわが国の存立が脅かされ、国民の生命、自由および幸福追求の権利が根底から覆される明白な危険がある場合、②国民を守るために他に適当な手段がない、③必要最小限度の実力行使―の三要件に該当する場合に限り、自衛の措置として憲法上許容される。」

自衛力合憲説に説得力はあるか

右に見た見解のうち、田上教授の学説は他の見解と比較して理論的に精緻であり、一定の説得力をもっている。とくに、憲法一三条の意義を単なる政府に対する不作為請求権の宣言のみでなく、外部からの侵略行為を排除するため積極的に国権の発動を要請する公共の福祉の原理を含むものと解する点が注目される（憲法一三条「すべて国民は、個人として尊重される。

生命、自由及び幸福追求に対する国民の権利については、公共の福祉に反しない限り、立法その他の国政の上で、最大の尊重を必要とする」)。

さらに、①憲法一三条に、国外からの侵略に対する国の自衛権の憲法上の根拠を見出す点、②国連の集団安全保障が過渡的段階にある期間は、国の自衛権を行使するのに必要な手段がなければならないとする点、③防衛目的をもつ手段をすべて違憲と解釈すれば、自衛権を要請する憲法の基本原理と矛盾することを指摘する点は、説得力に富む。

ところが、教授が、「侵略に対して防衛を任務とする実力部隊は、警察力と異なるが、それが近代戦争遂行能力、いいかえれば単独に外国の戦力と交戦できる程度の人員および装備をもたないかぎり、戦力と区別する必要がある」（傍点筆者）と述べる点が問題となる。

教授がいう「警察力とは異なる近代戦争遂行能力」とは何か。それは、教授が指摘されるように、単独に外国の戦力と交戦できる程度の人員および装備をもたない組織ということになるだろうが、具体的には、かつての警察予備隊ないし保安隊レベルの実力組織を限度と考えるのか。また、この限度を超えた場合には戦力となり、憲法違反となるのか疑問である。

さらに、後述するように、教授が「単独に外国の戦力と交戦できる程度の人員および装備」という場合の「外国」とは、いかなる国家を想定しているのかの点にも疑問が残ると言わざるを得ない。

戦力と自衛力とは区別できるのか

これらの見解に関しては次のような疑問がある。

第一に、自衛力合憲説が用いる「戦力」概念の特殊性が問題となる。先にも述べたように、一般に、「戦力」とは「戦争を遂行する目的と機能をもつ組織的な武力又は軍事力」（金子宏他編『法律学小辞典』有斐閣、平成十六年、七三三頁）を意味する。二十二万を超える隊員、その組織と編成、近代的装備、訓練、教育、予算などを見るかぎり、現在の自衛隊は明らかに右に言う戦力（軍隊）といわざるを得ないと思われる。これを戦力でない、軍隊でないと解釈すること自体、明らかに欺瞞であろう。

また、この戦力に至らない「自衛力」という概念は、相手国が持っている実力のいかんによって相対的となり、法的な概念としてはとうてい用いることはできない。つまり、わが国のもつ実力は、わが国以上の実力を持つ国との関係では「戦力」にはならないが、わが国と対等またはそれ以下の実力しか持っていない国との関係では「戦力」となる。つまり、同じ実力が相手国が保持する軍事力との関係によって、ある場合には「非戦力」にとどまり、ある場合には「戦力」になるということになり、法的判断基準としては、まったく使用できるものではない。

さらに、政府は、戦力に至らない自衛力概念について、個々の兵器のうちでも、性能上もっぱら相手国国土の壊滅的な破壊のためにのみ用いられる攻撃的兵器の保有は、直ちに自衛のための必要最小限度の範囲を超えることとなるため、いかなる場合にも許されないとしている。たとえば、現在でも、大陸間弾道ミサイル（ＩＣＢＭ）、長距離戦略爆撃機、攻撃型空母の保有は、自衛力の範囲を超えるものとして保持は許されないとしている。この見解によれば、他国の軍隊でこれらの攻撃的兵器を保持しない国家は、いずれも「戦力」をもたないという奇妙な結論になってしまう。

このように考えると、「戦力にあらざる自衛力」などという概念は、わが国内のみでしか通用しない──実はわが国でも通用しない──独自で特殊な概念というほかなく、およそ法的な概念としては、とうてい通用しうるものではないと言わざるを得ない。

そもそも、前述したように、戦力、軍事力というものは、どの国でも自衛のための必要最小限度のものとして持っているというのが建前であって、憲法の上で、侵略・攻撃するための戦力を持てるなどと定める国などない、と解するのが常識であろう。

この点について、国際法の田畑茂二郎教授は、「必要な限度といえば、結局、仮想敵国とされる国の軍備と見合う軍備ということになるわけであって、相手国の軍備次第ではいくらでも最小限度の程度が上げられるおそれがあり」、「『戦力にあらざる自衛力』の論理をとことんまで展開」すると、「世界のどこの国も実は戦力を持っていないのだということにならざるをえない」と述べている（田畑茂二郎「自衛権の陥穽」『安保体制と自衛権』有信堂、昭和三十五年、三九頁）。

まさに正論というほかはない。

また、この議論は、「自衛力とは戦力に至らない実力」を意味し、「戦力とは自衛力を超えるもの」を指すという無意味な同語反復《トートロジー》（tautology）となり、憲法解釈論としては、とうてい採用できるものではないことは明らかであろう。はっきり言えば、戦力に至らない自衛力などという言葉はまやかしであり、欺瞞であって、戦力と自衛力とは区別できないということである。

これまで見てきたように、政府がとっている自衛力合憲説は憲法解釈として成り立たないことは明白である。

3．政治的マニフェスト説ないし政治的規範説は反立憲主義

自衛隊を合憲と解する三つ目の見解として、憲法九条の法規範性を否認もしくは希薄化する見解がある。この立場は、九条とその趣旨に反する自衛隊の存在という「規範と現実の乖離」を、憲法改正もしくは自衛隊の解体・廃止によってしか解決できない矛盾だとは考えない。どう考えても自衛隊は憲法違反の存在であり、憲法を曲げて解釈するという欺瞞とウソ

には耐えられないという切迫した憲法改正論に反対するという意味では、一種の護憲論のカテゴリーに入ると言ってよい。この立場は、少なくとも自衛隊の存在を憲法違反と見ないことによって、その合憲性、合法性を承認する役割を担うものといえる。

この立場に立つ見解として、政治的マニフェスト説とそれに近似する政治的規範説がある。以下、これらを検討しよう。

政治的マニフェスト説

自衛戦力合憲説や自衛力合憲説が、一応は憲法九条の文理的または論理的な解釈を行って、戦力ないし自衛力の合憲性を導き出そうとするのに対して、この立場は九条自体の法規範性そのものを否認して、九条を一種の政治的マニフェスト（宣言または声明）と捉えることによって、同じ結論に到達しようとするものである。

英米法の泰斗である高柳賢三博士と国際法の大平善梧教授が、この立場をとる。

高柳博士は、大要次のように述べる。

まず、日本国憲法は日本の改造を目標としたイデオロギー的、プログラム的色彩の強い憲法であること、そこでは直ちには実現できないような理想、政治的マニフェスト、国民と為政者への訓戒などに関する規定が、通常の法規範と並んで成文のうちに織り込まれていることと、が指摘される。したがって、九条の解釈にあたっては、伝統的な意味での法学的解釈ではなく、九条制定の事情や当時の社会的雰囲気、さらには現在の国際社会の現実を検討し、これらに照らして国民の真の福祉に合致させるような「社会学的解釈」が、また理想と現実を識別しつつ、両者を共存させようとする「複線的解釈」がとられるべきであると主張する。

そこで、理想と現実を識別するための基準として、現実の国際社会的事実を考慮すれば、超大国が対立する中で日本だけが完全非武装でやっていけるような情勢にはない。世界政治家の常識に合致する政策を封じて、自衛隊も安保条約も違憲であるとするような九条の解釈は、社会事実を考慮する社会学的解釈の下では、非合理的であり、非現実的である。つまり、九条は理想的規範＝政治的マニフェストとしてとらえるべきで、自衛戦争も自衛のための戦力を保持する政策も許されると解釈するのが合理的であろうと述べる（高柳賢三『天皇・憲法第九条』有紀書房、昭和三十八年、一六〇―一六八頁）。

政治的規範説

九条の法規範性を全面的に否定はしないが、その裁判規範としての効力を否定し、これを政治的規範であると見て厳格な法解釈を放棄して、自衛のための戦力の保持を肯定する見解がこれである。伊藤正己教授は、この立場をとる。

英米法の専門家であり、後に最高裁判事を務めた伊藤正己教授は、次のように述べる。「九条を前文と同じ意味のみに限局することは正しくない。それは憲法の正文として規範的意味をもっている。問題はこの規範的意味の内容である。・・・本条は、国土の安全保障という高度の政治性をもつことがらに関するものであり、終局的には主権者である国民の政治的意思によって決定されるべきであるところからみて、国民に直接の責任を負わない裁判所の判断によることは、適当とはいえないであろう。したがって、本条は、裁判規範としての性質をもつ規定ではなく、その規範としての拘束力も、政治的な面におけるものであると解すべきであ（る）」。「とくにこのような政治的規範については、文理の分析に過度にとらわれない目的論的解釈と、立法者の意思を参照しつつもそれに拘束されない合理的解釈との必要が大きい・・・」。

九条二項に関しても、「普通の法的規範の解釈において、動機や理由はそれほど重視されないかもしれないが、本条のような政治的規範にあっては、それは内容にかかわりをもち、保持を許さない戦力を限定したものと考えられる。したがって、憲法上、自衛のための武力の行使に必要な最小限度の保持は禁止されていないと解すべきであろう」（伊藤正己『憲法入門』有斐閣、昭和五十三年、一一七頁以下、同「平和・九条・再軍備」ジュリスト二一五号二一頁以下、昭和二十八年）。

明らかに無理がある理論

まず、憲法規範である九条を法規範ではないとするのには、特別の理由が必要であろう。さらに、それを政治的マニフェスト、あるいは国民と為政者への訓戒とすることには格別の論拠が必要となる。論者が指摘するように、理想と現実を識別するための基準として、現実の国際社会的事実を考慮さえすれば、九条の持つ法規範性を否認できるというのでは論拠として不充分である。

いやむしろ、日本国憲法の構成、九条の文言、規定の仕方から見る限り、九条の法規範性を否定することには相当な無理があるといわざるを得ないと思われる。すなわち、日本国憲法は前文の中で徹底した平和主義を宣言した上で、本文の九条において具体的かつ極めて明確な文言で、「陸海空軍その他の戦力」の不保持を規定し、「交戦権」の否認を定めている。これは例えば、フランス一九四六年憲法の前文が「相互留保のもとに、平和の組織防衛に必要な（主権の）制限に同意する」と規定して、そのマニフェストとしての性格を明らかにしていることと比較しても、日本国憲法九条が明確な法規範性を持つことは、否定できないと言える。

また、高柳博士が検討すべきだとする日本国憲法の「制定の事情や当時の社会的雰囲気」についてみると、むしろ結論は逆になると思われる。

まず、前述したように、第九〇帝国議会・芦田小委員会第四回目の審議（昭和二十一年七月二十九日）において、芦田が新憲法の平和主義を強調する意味から九条を宣言規定にしようとして、「日本国民は（中略）陸海空軍その他の戦力を保持せず、国の交戦権を否認することを声明す」という試案を提出したところ、法律実務の専門家として意見を求められた佐藤達夫氏は、「声明とか宣言とかの文言を用いると原案よりも禁止的色彩が弱くなる」点を指摘したという記録が残っている。結局、委員会としては、この見解に賛同して「単なる宣言では弱い」という意見が多数を占めて、芦田の提案は否認されたという経緯がある。

さらに、その後、総司令部と日本政府との交渉過程において、松本国務大臣が戦争放棄の規定は「一個の宣言であって、別にこれによって・・・憲法としての拘束力を持たすというほどのことでないようだから、前文に書いてはどうか」と提案したのに対して、総司令部側は、「私達は戦争放棄は基本法の本文に記しておくべきだと思います。そうすれば・・・この条項は真に力強いものとなるから」と答え、日本政府もこれを受け入れたという経緯がある（高柳・大友・田中編著『日本国憲法制定の過程Ⅰ』有斐閣、昭和四十七年、三九三頁、同Ⅱ一三七頁）。

これらの点から、少なくとも政治的マニフェスト説は、制定過程の事情や雰囲気に反すると言える。

憲法は、国の最高法規であってその条文に反する法令や国家の行為は効力を有しない、と定める憲法九八条一項を前提とするかぎり、憲法の特定の条項が法規範でないとするのには、憲法上明示的な根拠が必要であると考えることが常識であろう。

最後に、憲法九条は政治的規範であることから目的論的解釈が許されるとして、伊藤教授は自衛戦力の保持も合憲と解釈するようである。この点になると、教授の説明は、いかにも苦しい。教授は、「戦力そのものとして自衛のための戦力と侵略のための戦力とは区別しにくいが、国際的な政治や軍事の状況にてらしながら、その戦力の客観的な事実（たとえば、編成、装備、訓練方法など）をみることによって、それが自衛のための必要をこえているかどうかが判断される。この立場にたてば、自衛隊についても、それが戦力であるから違憲であるというのではなく、その具体的な実体によって、自衛のためという限度をこえているかどうかによって、その合憲か違憲かが判定されることになり」、「その判定は、国会、そして終局的には政治的主権者である国民にゆだねられる」と述べる（伊藤『憲法入門』一二三頁）。教授は、国会ひいては終局的には国民が、その具体的な実体によって自衛隊の合憲、違憲を判定すると言うが、その際、憲法九条がどのような形で規範として機能するのかは極めて不明確である。

たしかに、政治的色彩を有する憲法規定の解釈に際しては、目的論的解釈が有用であり必要であることは認められる。しかし、それが法の解釈である以上、文理の正確な理解に基づいて明らかにされた個々の規範の枠組みを自由に動かし、解釈する者にとって都合のよい結論を引き出してよいということを意味するものではない。

憲法の規定の合理的解釈の最終の基準となるのは、憲法全体の体系的理解であり、他の憲法規定との整合性を重視した解釈姿勢であろう。その意味からすれば、憲法前文における平和主義の強調、軍備ないし戦争を前提とする規定の不存在、九条二項の文言の特異性と明確性などを無視ないし骨抜きにするような目的論的解釈は、もはや正しい意味での憲法解釈とは言えないと思われる。

以上見たように、現在の自衛隊を合憲の存在とする見解には、いずれも疑義があり、憲法解釈論からは合理的に説明することは困難である。自衛隊の憲法適合性の問題を放置しておきながら、憲法改正の議論に正面から向き合わず、今回のように一内閣の閣議決定によって重大な憲法解釈の変更を行うことは、立憲主義の見地から看過できない姿勢というほかはあるまい。

長谷部恭男教授の見解

政治的規範説とは少し異なるが、長谷部恭男教授は、憲法九条を「準則」でなく「原理」

としてとらえる見解を示している（長谷部恭男「平和主義と立憲主義」ジュリスト一二六〇号（平成十六年）五六―六七頁、同『憲法と平和を問い直す』筑摩書房、平成十六年、一七一頁以下）。教授は、「自衛のための必要最小限度の実力を保持することは、現在の憲法の下でも許されると考えており、むしろそれは立憲主義の根本的な考え方に、よりよく整合すると考える」と述べる。

長谷部教授の見解を要約すれば、次のとおりである。

（1）一般に法規範といわれるものの中には、ある問題に対する答えを一義的に定める準則（rule）と、答えをある特定の方向へと導く力として働くにとどまる原理（principle）とがある。

（2）ある道路が駐車禁止であるか否かを定める法は準則であるが、表現の自由などの憲法上の権利の保障を定める規定のほとんどは原理を定めているにとどまる。

（3）相互に衝突する二つの準則のうち、一つはそもそも準則ではありえないが、原理については互いに衝突する複数の原理が共存しうる。「国及びその機関は、宗教教育その他いかなる宗教的活動もしてはならない」とする憲法二〇条三項の規定にもかかわらず、およそ国と宗教との関わり合いが一切許されないとは、判例も通説も考えていない。政教分離原則と並存し、それと衝突する憲法上の考慮が存在しうるからである。

（4）憲法九条を文字通り軍備の保持を禁じている準則とみることも可能であるが、「この立場を採ることは世界全体を平和にすることにはさして役立たない」。また、「九条を準則としてみることの根拠となる他の議論―パルチザン戦の遂行、非暴力抵抗の唱導、善き生き方としての絶対的平和主義、世界警察への依存―は、いずれも平和を実現するための現実的手段とは考えにくい」。

（5）立憲主義は近世ヨーロッパの宗教戦争の経験から生まれた考え方であり、根底的に異なる価値観を抱く人々が、それでもなお平和に共存し、公平に社会生活のコストと便益を分かち合う枠組みを築き上げていくための考え方である。公共的な事柄に関する理性的な解決と比較不能で多様な価値観の共存を両立させようとする立憲主義のプロジェクトと、ある特定の「善き生」の観念を貫くために結果に関わりなく絶対的平和主義をとるべきだという立場とは、容易に整合しない。

（6）「立憲主義と平和主義との緊張関係は、日本国憲法九条の解釈に関わる。憲法九条、とくにその第二項を日常的な日本語の文意に即して理解したときは、国民の生命や財産の安全を守るための実力組織の保持さえ、政府には許されていないという結論が導かれる。これは、憲法九条二項を、具体の問題に対する結論を一義的に定める『準則rule』として理解する立場である」。

（7）「これに対して、九条は国際の平和の維持がきわめて重要であることを確認するとともに、防衛に関する問題について民主的政治過程が陥りがちな非合理な決定のリスクを縮減するため、防衛力の保持自体も極小化されるべきことを要求はしているが、自衛のための実力組織の保持さえ禁止するほど結論を一義的・絶対的に定めているわけではないという解釈がありうる。これは、憲法九条二項は目指すべき重要な価値・目標を定める『原理 principle』にとどまるという立場である」。

（8）「問題は、自衛のための実力組織の保持さえ禁じられたとき、国民の生命や財産の安全を実効的にはかることが現実に可能か否かにかかわる。・・・現実には可能とはいえないにもかかわらず・・・、（実力組織の不保持という）理解に従うべきだという立場がありうる。しかし、これは国民の生命・財産の保持という典型的な公的問題を私的価値観によって結論づけようとする議論であり、立憲主義の理念と根底的なレベルで衝突する」。

（9）「立憲主義と衝突する解釈と衝突しない解釈とが存在するとき、いずれをとるべきか。国民の生命・財産の安全を守るための必要最小限の実力の保持は憲法によっては禁じられていないとする『温和な平和主義』は、後者をとるべきだとする」。

このような長谷部教授の見解は、どのように考えればよいのか。この立場も文理に基づく解釈の結論が国際社会の現状から見て合理性を欠くと判断される場合、憲法改正の手続を踏まずに、その憲法規定の法規範性を希薄化する方向で問題を解決しようとするもの、と言えそうである。

まず、疑問であるのは、国家機関の権限を明確に制限する法規範である九条の規定を準則でなく「原理」であるとして、その例として、表現の自由の保障規定（二一条）や政教分離原則（二〇条三項）を提示することが、妥当であるかの点である。

また、九条を「原理」として理解した場合、長谷部教授は九条の持つ権力制限規範としての法的拘束力をどのように考えるのかも不明である。政府解釈のように、戦力の保持は認められないと解するのか、交戦権の否認についてはどのように説明するのか、また、九条が持つとされる「原理」としての法規範性は、どの程度のものとして解すべきなのかは明らかではないように思われる。

また、上記の（8）で、長谷部教授は、「自衛のための実力組織の保持」が禁止されているると解釈するか否かの判断（解釈の妥当性）は、「国民の生命や財産の安全を実効的にはかることが現実に可能か否かにかかわる」と述べるが、このことは流動する国際情勢に対する現実認識（価値判断）が、そのまま憲法九条二項の規範の解釈の変化につながることを意味するように思われる。そうであるとすれば、九条二項の法規範としての「客観性」は、どのようにして担保され得るのかは疑問である。

とくに、平成二十六年、政府が閣議決定において集団的自衛権の行使を容認し、これに基づいて一連の安保関連法案を提出した際、長谷部教授は衆議院の憲法審査会において、自民党・公明党推薦の参考人として、明確にそれらを違憲であると述べた。審査会において教授は、集団的自衛権の行使が許されることは、従来の政府見解の基本的論理の枠内では説明がつかず、法的安定性を大きく揺るがすもので憲法違反であるとし、自衛隊の海外での活動は外国軍隊の武力行使と一体化するおそれも極めて強い、と述べたのである。

しかし、教授が主張する上記（8）に示された論理に従えば、緊迫化しつつある東アジアの国際情勢を視野に入れた場合、集団的自衛権行使を限定的に容認することの違憲性は、それほど明確ではないように思われる。

なぜなら、エスカレートする北朝鮮の核武装の脅威から、国民の生命、財産の安全を実行的にはかるには、自衛隊と米軍との協働が必要不可欠だという判断も充分なり立つからである。

さらに、教授が述べるように「憲法上の権利の保障を定める規定のほとんどは原理を定めているにとどまる」とした場合、憲法違反を疑われる政府や国会の行為に対する司法裁判所による違憲審査権行使の仕方は、どう解されるべきか。また、憲法規定が準則と見られる場合と、どのように異なるのかも不明のままである。

4．憲法九条の規範内容について変遷が生じたか

最後に、憲法九条と現実との乖離を、憲法改正をしないで解消しようという考え方に、憲法変遷論というものがある。

憲法の変遷とは、憲法規範本来の意味内容を公権的解釈や慣行の積み重ねによって改正手続なしに変更し、しかも、長年にわたって憲法規範に反する事態（既成事実）が続く結果として、その規範に変化が生ずる現象をいう。

憲法変遷の成立要件は、憲法の規定の仕方、憲法改正手続の難易、裁判所の違憲審査制の確立の程度とも関係するが、憲法変遷の成立要件として通常指摘されるものは、次のとおりである。

（1）最高裁の判例による憲法変遷—社会的な規範意識が、その判例を新しい憲法の意味として認めるに至ったとき。

（2）議会の立法による憲法変遷—例えば、統治行為について司法審査が及ばず、違憲であるかどうかの判断は第一次的には政治部門の判断に委ねられ、最終的には国民の判

断に委ねられると解されている場合、立法を通じて憲法の意味の変遷したことが一般に承認されるに至ることが例外的にあり得る。

（3）議院や内閣の行為による憲法変遷—議院や内閣の行為（例えば、法律や予算の議決、条約の承認等）が慣行となり、それが社会的な規範意識により認容される場合。

（4）事物自然の必要が、憲法条項の客観的意味の変化をもたらすことによる憲法変遷—たとえば、公害問題が多発した結果、国民の社会的規範意識が変化して、憲法二五条の中に環境権の保護を認めるに至るような場合、プライバシーの権利に関して新しい内容を盛り込むことが、国民の規範意識により承認されるような場合。

かつて、中央大学の橋本公亘教授は、憲法九条について、この意味での憲法の変遷があったとする見解を公にしたことがある（橋本公亘『日本国憲法』有斐閣、昭和五十五年、四三一頁以下）。

教授の見解をまとめると、大略下記のとおりである。

（a）憲法制定当時において、連合国は、わが国の非武装化が可能と考えてそれを実行したが、その後、冷戦の激化、朝鮮戦争の勃発などにより事情が変化し、国際社会はわが国の武装を要求するようになった。少なくとも現在の国際情勢の下で、わが国が全く防衛の努力をしないことは許されない状況にある。
（b）憲法前文で、わが国は「平和を愛する諸国民の公正と信義に信頼して」戦力不保持の理想を実現しようとしたが、現代国際社会は未だその域に達せず、しばしば利己的な武力行使の例が発生している。この意味から見ると、非武装は果たして現実に可能な政策であるかどうかについて疑問がある。
（c）憲法制定当時と現代では、わが国の国際的地位が著しく異なっている。わが国は、国際平和の確立について応分の責任を負っている。自国領土の防衛をすべて他国まかせにすることは、わが国の国際的地位から見て国際社会の同意を得られないであろう。
（d）憲法規範もまた社会生活の規範の一つであるから、事実の世界を無視して文字のみを解釈すべきではない。
（e）わが国が実質的に戦力を備えてから約三十年を経過しており、世論調査の結果によると防衛問題に関する国民の規範意識に変化が見られる。

右の見解は、はたして妥当であろうか。

まず、憲法変遷の意義については法社会学的意義の変遷と法解釈学的意義の変遷を区別する必要がある。ここでは、後者の場合が問題となる。それは憲法規範と現実との乖離が存在することを前提にした上で、成文の憲法規範が「枯死」し、現実の憲法状態の中に「枯死」した規範にとって代わる新しい憲法規範が成立していることを示す概念である。憲法変遷を認めるか否かについては、学説の対立がある。

肯定説は、慣習法の成文法改廃力を前提に、ある憲法規範が国民の信頼を失い、実際に守られなくなった場合には、それはもはや法とは言えないとする。具体的には、①憲法規範に反する憲法実例の反復ないし継続という要素と、②それに対する国民の承認（法的確信）という心理的要素が充足されたときに憲法変遷が成立するとして、特に最高裁判所の判例が憲法変遷の成否の判定に重要な役割を果たすと説く。

憲法九条の変遷を解釈論として認めれば、自衛隊を憲法違反であると言う必要はなくなる。九条変遷論を採用するためには、憲法変遷の成立要件をある程度緩和しなければならないが、そのこと自体が、立憲主義を形骸化させる危険があることには注意が必要である。

この点に関して、橋本教授の見解を検討すると、教授が指摘する（a）ないし（b）は肯定できるし、憲法規範に反する憲法実例の反復・継続も見られるが、（e）の心理的要素に関しては、これを満たしているとは、とうてい思われない。

その理由は、次のとおりである。

（イ）まず、現在でも憲法学者の六割ないし七割が自衛隊違憲論を支持し、それが憲法の教科書に明確に記載されていること。ちなみに、朝日新聞が平成二十七年六月三十日に実施した憲法学者に対するアンケートによれば、「安保法案は違憲ないし違憲の可能性あり」と回答した者は百二十二名中百十九名、「自衛隊の存在は違憲ないし違憲の可能性あり」と回答した者は百二十二名中七十七名であった。

（ロ）最近まで、わが国周辺に軍事的危機が切迫するたびに、世論調査において九条改正に賛成する意見が増加していたこと。

（ハ）国民の九割以上が自衛隊を必要であるとし、その存在を信頼しているが、それが直ちに自衛隊を合憲であると考えていると判断するのは早計であること。

（ニ）また、国家権力の制限規範である憲法の領域に、元来私法の領域で論ぜられる「慣習法の法理」を持ち込むことは、国家行為の違憲行為を追認、正当化することになり妥当ではないこと。

（ホ）硬性憲法の理論を前提とする限り、違憲の憲法実例はあくまで違憲であり、憲法改正手続によらない憲法規範の変更は認められない、と考えるのが妥当であること。すなわち、硬性憲法の下では、憲法改正の国民の意思は憲法改正手続によってのみ示されると考えるべきこと。

（へ）憲法変遷の要件を緩和して安易にこれを認めることは、立憲主義の基本理念に背馳し、立憲主義の形骸化をもたらす危険があること。

以上のような理由により、九条に関する変遷論は、それに対する国民の承認（法的確信）という心理的要素が充足されていないことから、採用することはできないと言えよう。

おわりに

迷走する憲法解釈

敗戦後から今日に至るまで、憲法学界の多数説は依然として自衛隊違憲説を採用している。その原型は、戦後長い期間にわたってわが国の憲法学界をリードしてきた東京大学の宮澤俊義教授の見解に見られる。かつて、宮澤教授は、その著『日本国憲法』（日本評論新社、昭和三十年）で次のように述べた。

「日本は、自衛権はもつが、その発動としても、戦争を行うことは許されず、自衛権は、戦力や、武力の行使を伴わない方法によってのみ、発動を許される。」

このいわゆる「武力なき自衛権」論は、同時期の学者に大きな影響を与えた。その後、多くの学者が宮澤教授に追随するかのように、「非軍事的手段による自衛権行使」を主張し、やがて、この見解はわが憲法学界を席巻し、多数説を形成するに至った。具体的には、その内容として「戦力的手段以外の政治外交的手段による」（田畑忍教授）とか、「警察力、民衆の広範なレジスタンス的組織活動等の諸実力」（和田英夫教授）などがあげられた。

さらに無視できないことは、このような学説が裁判実務にも影響を与えたことであった。

昭和四十八年、北海道に建設予定であった自衛隊ミサイル基地を巡って争われた長沼ナイキ基地訴訟の第一審判決で、初めて自衛隊に対する違憲判決が示された。裁判長の名前をとって福島判決といわれるこの判決では、「自衛権を保有し、これを行使することは、ただちに軍事力による自衛に直結しなければならないものではない」とされ、自衛権の行使方法として「平和時における外交交渉によって外国からの侵害を未然に回避する方法」、「危急の侵害に対し警察をもってこれを排除する方法」、「民衆が武器をもって抵抗する群民蜂起の方法」があり、さらに「侵略国国民の財産没収」や「侵略国国民の国外追放」もあるとされたのである。何をか言わんや。外交交渉によって外国からの侵略を未然に回避できるのなら、そもそも自衛権の発動などを議論する必要などあり得ないのではなかろうか。いくら地裁の判決とはいえども、憲法と国際法の基礎理論すら理解していない判決はいただけない。

また、このような学説や判決の見解は、現実の国際情勢を客観的、冷静に見る限り、実際には何の効果も期待できないばかりか、むしろ極めて危険で悲惨な結果を招くものといえる。いやそれよりも何よりも、多数説が主張する、いわゆる「武力なき自衛権」などという概念自体が、はたして国際法や憲法の理論として成り立つのかが問題とされるべきであろう。

そもそも自衛権とは何か。国際法学者の見解によれば、自衛権とは、「急迫不正の侵害にあたり、やむを得ない限度で国家権力が武力行為をもって対処する国際法上の権利」（筒井若水教授)、あるいは「外国からの違法な侵略に対し、自国を防衛するため、緊急の必要がある場合、それを反撃するために武力を行使しうる権利」(田畑茂二郎教授)である。ここで明らかなように、自衛権という概念は武力の行使と武力の保持を前提とするものであり、一定の要件の下で、本来ならば認められない国家の武力行使を正当化するものなのである。これまで理解されてきた国際法上の自衛権の概念を前提とするかぎり、「平和時における外交交渉」や国家の意思に基づかない「群民蜂起」などが、自衛権の行使に含まれるはずがない。

さらに、この「武力なき自衛権」論は、明らかに国連憲章の考え方とも矛盾する。国連憲章五一条は、自衛権は国連加盟国に対して「武力攻撃が発生した場合」にのみ発動できると定めている。つまり、憲章の趣旨は、他国からの武力攻撃によって自国の領土の保全や政治的独立が侵される場合に、はじめて自衛権の発動が許容されるという点にある。ちなみに、ここでいう「武力攻撃」とは、国家の兵力すなわち陸軍、海軍、空軍を用いてなされる行為で、①外国の領土・領水・領空へ、その国の意に反して侵入し、外国の領土内の人命、財産を損傷すること、②公海上において外国の船舶または航空機に砲撃、爆撃、雷撃を加え、またはこれらの威嚇の下に外国の船舶または航空機を捕獲すること、とされている(田岡良一教授)。

そうである以上、その発動が許される自衛権は、当然、加えられた武力攻撃を排除できる程度の措置を前提とするものであり、侵略国の武力攻撃に対して武力行使を伴う自衛のための反撃がはじめから禁じられている場合には、自衛権自体が実質的に否認されていることになるのではないかと思われる。現に、最近の憲法学界では、日本国憲法の下では自衛権は実質的に否認されている、とする説が有力になっている（例えば、山内敏弘、小林直樹、阿部照哉、古川純教授など）。

これまで見てきたように、自衛隊の合憲、違憲性をめぐる憲法学説は混迷を極めている。かつて、学界の多数説であった「武力なき自衛権」論は、一時の勢いは失ったものの依然として多数説を形成しており、自衛隊を憲法上合憲の存在として説明しようとする自衛戦力合憲説または自衛力合憲説は、本章で述べたように破綻している。さらに、憲法九条の法規範としての拘束力を弱めて自衛隊の合憲性を説明しようとする、政治的マニフェスト説、政治規範説や憲法九条変遷論も、採用できないことは右に述べたとおりである。

筆者も憲法学者の一人として、この問題を長い間考え続けてきた。そこで、純粋に理論的に考えれば、一切の戦力の保持を禁じ、交戦権まで否認した憲法九条二項の規定は、昭和二十七年四月にサンフランシスコ対日講和条約が効力を発した時点、すなわち日本が主権と自衛権を回復した時点において、実質的には法的な効力を失ったと考えるようになった。というのも、憲法九条が作られたのが占領下であったという点を考えなければならないということである。

先に述べたように、国家が占領下にある場合、そこには「国家の意思を最終的に決定する力または権威」という意味での主権は存在しない。まして、占領下の国家に自衛権が存在するはずがない。占領期間中のわが国の自衛権は、連合軍によって行われていたと見るべきである。

この意味で、戦力の不保持と交戦権の否認を定める九条二項の規定は、当時の政治状況をそのまま条文化したものであった。それゆえ、憲法典に宣戦講和、統帥権、軍事裁判権、徴兵・兵役の義務、戦時非常事態を想定する規定などが存在しないことは、きわめて当然のことであった。

ところが、昭和二十七年四月に対日講和条約の発効によって占領が終了し、わが国は独立国家として主権と自衛権を回復する。ここに至って、一切の戦力不保持と交戦権否認を定める九条二項の規定は現実と大きく矛盾することになる。この時点で、自衛権を実質的に否定する九条二項は、国家自体の存立に抵触する結果、独立主権国家の憲法の条文としてはそのまま適用することができなくなったのではないか、と考えたのである。

憲法が主権の一側面である自衛権を否認することは背理であるし、憲法は国家の存立を前提にしているからである。その時点で、政府は国会に働きかけて、即刻、憲法九条二項を改正しなければならなかった。しかし、政府はそうしなかった。憲法改正を先送りし、日米安保体制を構築してわが国の安全を確保する道を選択したのである。

憲法学者の中には、少数ではあるが筆者に近い見解を示す人もいる。中央大学の柳澤義男教授は、その一人である。教授は、憲法制定当時においては、九条二項の規定はむしろ当然であったが、「講和条約が締結され連合国の管理から解放されて、独立国家としての主権を回復した後においては、国家の自存権を有するにいたり、内治外交について他国の侵犯を許さず、国家の自存自衛はみずからこれを完うする権利を回復したものであって、独立後の日本においては自衛戦力を否定する憲法九条二項の規定は、国家の存立を完うすることを否定する結果となったので、その効力を失ったと解すべきである」と述べている（柳澤義男『憲法』青林書院新社、昭和四十八年、八九頁）。

たしかに、九条二項はいまだ形式的には存在しているが、実質的意味の憲法は講和条約の発効とともに変更された。それはあたかも、昭和二十年九月の降伏とともに、明治憲法の規定する軍の統帥大権や国民の兵役義務などが、実質的にその効力を失ったにもかかわらず、形式的には改正手続を完了し現行憲法がその効力を発生するにいたるまで、明治憲法の各規定は依然として存在していたことと同様であるというのである。そうだとすれば、すでに法的効力を失った九条二項に抵触する現在の自衛隊は、違憲ではないということになる。

ところが、この九条二項が失効したという議論は、憲法無効論や憲法失効論と同じく、法の効力論という難しい問題に直面する。たとえ、理論的には失効あるいは無効であると考えられる規定でも、その憲法の成立以降七十年以上も有効な規定として社会で機能してきたという「事実」は、無視することが困難である。

一定の事実が慣行として継続し反復されると、それを規範と認める心理が生じることを指摘して、これを「事実の規範力」と呼んだのは、G・イエリネックという学者である。憲法と法哲学にまたがる難しい問題である。この事実の規範力の理論には、一定の説得力があることを認めざるを得ないと思われる。

筆者は上述したように、純粋な理論としては憲法九条二項失効論が正しいと考えてきたが、戦後七十年を経過した現在では、現実的な法の効力論—事実の規範力の理論—を無視することはできないと考えるに至った。そこで、憲法九条二項を有効な規定だとするならば、伝統的に考えられてきた国家固有の自衛権の保有を説明できず、本章で述べたように、どう解釈しても、現在の自衛隊を合憲とすることはできないと考えるのである。

いわば、九条の解釈は八方ふさがりの状態に陥っている。したがって、一日も早く憲法九条を改正して自衛権と憲法規定との矛盾を解消する必要があろう。

立憲主義の空洞化

憲法九条の下で、政府は、自衛のためであっても戦力は保持できず、例外的に自国防衛のためには「戦力に至らない必要最小限度の実力（自衛力）」は持てるとして、自衛の範囲である限り自衛の行動（武力行使）は認められるとしてきた。

これまで検討してきたように、世界の諸国の中で類例のない戦力の不保持、交戦権の否認を定める憲法九条を法規範として捉える限り、政府の九条解釈は破綻しており、もはや自衛隊の存在を戦力、軍隊でないと強弁することは、明らかに解釈論としての限界を超えている。

まして、自衛の範囲内に限り自衛の行動しか認められない、戦力にあらざる自衛隊に集団的自衛権の行使を容認することは明らかに無理であるいうほかはない。国家が通常有する軍事的権限に関して一切規定を置いていない憲法の下で、国民の生命、自由、財産に対する急迫不正の侵害に対して許される国家行為は、行政権の一環としての警察活動ないし治安活動のみである。

政府は、今回の安保法制の整備によって、集団的自衛権を個別的自衛権と重なるような形態において限定的に容認した。今回の法案で武力行使容認の識別指標を「わが国の存立」としたが、その概念の不明確性は問題となるだろう。わが国への武力攻撃の着手がない段階での武力行使を論拠づけることは違憲であるほか、ホルムズ海峡の機雷掃海、経済的理由での武力行使、日米同盟の揺らぎの防止などの事例が提示されているが、いずれも憲法違反であることは明白である。

現在の自衛隊を軍隊でも戦力でもないと言い張るのは、欺瞞であるとしか形容できない。主権が否定されている時期に、GHQによる憲法制定（改正）が強行され、戦力不保持の規定の下で世界第六位ないし七位といわれる実力部隊である自衛隊が存在し、それが戦力にあらざる自衛力であるとして合憲とされている。このような欺瞞がまかり通っている間は、中学生、高校生を含む若者に「国を守る気概」や「国を愛する心」を教育の場で取り上げることなどできるはずはない。

戦後間もない昭和二十一年六月、当時の吉田首相は、わが国は「自衛権発動としての戦争も交戦権も放棄した」と答弁していた。同じ政府は、昭和二十九年、「国土を防衛する手段として武力を行使することは憲法に違反しない」と解釈を変更し、そして平成二十七年、安倍内閣は、正規の軍が行使できる世界標準の集団的自衛権の行使も憲法上認められる、としたのである。まさに、「立憲主義の空洞化」そのものである。解釈改憲も限度を超えたといえよう。

国土、国民の安全を守るため、日夜訓練に勤しむ自衛隊員に対する国民の支持は、つねに九割を超えて揺るぎはない。厳しさを増す国際情勢を見ても、自衛隊の解消という選択肢はあり得ない。しかし、本章で述べたように、どのような理論を用いても、残念ながら自衛隊は明らかに憲法に違反する。今こそ、真剣に憲法九条の改正に取り組まねばならないと思う。自国の防衛問題を姑息な解釈と欺瞞で切り抜けようとする国家に、未来はないことだけは確かであろう。

憲法規範に反する事実が長期間継続することは、憲法に対する規範意識を鈍磨させ、立憲主義の精神を摩滅させるという意味から害が大きい。国民の圧倒的多数が、戦力を保持する自衛隊が存在する現実を支持しているとすれば、その実態に合わせて憲法九条二項を改正するのが立憲主義の筋道である。

政府が、憲法改正手続が困難であることを理由に、歯止めのない「解釈改憲」の道を選択することは、立憲主義の基礎を切り崩し、それを空洞化する危険がある。現実とかけ離れた憲法規定は、かえって立憲主義を形骸化することから、憲法改正によって、憲法上許容されることと許容されないこととの線引きを明確化し、今後は憲法を厳格に遵守していく道を選択すべきであろう。

世界中で最も国防に無責任、無関心な日本国民

なにはさておき、国家(政府)の最大の責任は、国民の生命と財産を守ることにある。それは、国内の凶悪な犯罪や暴力事件から国民を守るだけでは足りない。言うまでもなく、国外からの侵略や武力攻撃、拉致・人質事件などを未然に防ぎ、万一それらが起きたときは、全力を挙げて国民の生命、自由、財産を守ることが、国家の第一の使命である。

さきに述べたように、憲法一三条は個人の人権保障の規定であると同時に、国政を担う政府の責務を定めたものでもある。国内で暴力団などが地域住民の生命・財産を脅かす事件を起こしたような場合、政府は責任を持って警察官を現場に派遣して、被害を受ける危険のある住民を守る責務がある。国家の「警察権」の根拠はここにある。

国外からの侵略についてはどうであろうか。ある地域に外国軍隊が侵入し、そこに住んでいる国民の生命、自由、財産が危険に陥ったような場合、国家は実力をもってその違法な侵略行為から国民の生命や財産を守る義務がある。国家の「自衛権」の根拠はここにある。

国連が、世界の警察官として十分な機能を発揮するまでは、世界の国々は各々の実力で自分達の国民の安全を守らなければならない。これが国際社会の現実の姿である。ところが、本書で見たように、日本国憲法九条は自衛権を実際に行使する実力(軍事力)の保持を禁止し、交戦権を認めていない。本来ならば、当然、憲法九条を改正して戦力の保持を明記し、自衛

権の行使を合憲としなければならない。ところが、これまでわが国の政府と国民は、それを先送りしてきた。憲法規定と現実との乖離を放置してきたのである。

政府が、「自衛隊は戦力ではない、軍隊ではない」とする憲法の欺瞞的運用を続けた結果、日本国民の国防意識、国家意識は寂しい状況になった。しばらく前の日米両国民対象の世論調査によれば、他国から侵略を受けた場合、アメリカ国民の七割あまりが「武器を持って抵抗する」と答えているのに対し、日本国民では、これがわずかに二割であったといわれる。北朝鮮による軍事的脅威が現実となっている現在ではどうか。

この意味で、昨年六月に実施されたＮＨＫによる「平和に対する意識調査」は興味深い。その中で、十八～十九歳に限定した調査結果を見ると、「いま、日本が他の国から侵略を受けて戦うことになったら、あなたはどうしますか」という質問に対して、「自衛隊に参加して戦う」三・八％、「物資の輸送や負傷者の看護などの後方支援活動には参加する」四一・六％、「すべて政府と自衛隊に任せる」三四・二％、「海外に逃げる」一〇・二％というものであった。

国を守る上で不可欠の要件は、国民の防衛に対する思いと努力にあることは論をまたない。自衛隊が、一般国民にとって素直に受け入れられないような条文解釈と、憲法の欺瞞的運用によって、かろうじて存在しているような状況を放置しておいて、国民に国防意識や愛国心を求めても無理であろう。そのような歴代政府の姿勢が何をもたらしたか。答えは明確である。上に見たような、多くの日本国民に共通する「国防に対する無責任と無関心」の蔓延がこれであろう。

祖国を守る者は誰か

世界各国の憲法は、それぞれの国民が自分達の祖国を守る義務を定めるのが普通である。各国の憲法は、必ずしも「兵役の義務」（徴兵制）を定めているわけではないが、何らかの形で国民に「祖国を防衛する責務・義務」があることを定めている。

ＥＵ（欧州連合）に加盟しているオーストリア、デンマーク、ポーランド、フィンランド、ギリシャのほか、ロシア、スイス、エジプト、マレーシア、中国、韓国などは、憲法の明文で男子の国民に兵役の義務があることを規定している。ただし、多くの国では、良心上の理由から武器を持ってする兵役の義務を拒否する者に対しては、社会福祉、環境保護、難民支援、文化財保護などの非軍事的な代替役務に従事することが定められている。

例えば、永世中立を掲げるオーストリア憲法は、「すべての男性の国民は、兵役義務を負う。女性の国民は、任意に連邦軍において軍人として役務を行うことができ、また、当該役務を止める権利を有する」（第九ａ条（三））。「兵役義務の履行を良心的理由により拒否し、これを免除される者は、代替役務（文民役務）を行う義務を負う」（同条（四））と定めている。

同じく、永世中立国であるスイスは、「すべてのスイス人男性は、兵役に従事する義務を負う。法律は、非軍事の代替役務について定める」と規定し、また、隣の韓国憲法も明確に「すべて国民は、法律の定めるところにより、国防の義務を負う」（第三九条一項）と規定している。

一方、アメリカ、カナダ、イギリス、フランス、ドイツ、イタリア、スペイン、ポルトガル、ベルギー、オランダなどでは徴兵制を廃止したが、国民の祖国防衛の義務については、しっかりと憲法で明記している。例えば、イタリア憲法は、「祖国の防衛は、市民の神聖な義務である」（第五二条）と定め、「すべての市民は共和国に忠誠をつくし、その憲法および法律を遵守する義務を負う」（第五四条）と規定している。ドイツ基本法は、「男子に対しては、満一八歳から軍隊、連邦国境警備隊または民間防衛団における役務に従事する義務を課すことができる」（第一二a条）と定めている。

ちなみに、昔から、わが国の国民に最も人気のある永世中立国スイスは、非武装中立どころでなく武装独立と国民皆兵制を国防戦略の基本に据えている国家である。数年前に、他国から現実の脅威にさらされているわけではなく金の無駄遣いだとして、一部の国民から徴兵制廃止を求める動議が出され、国民投票が実施された。その結果、徴兵制廃止は反対多数で否決された。つまり、国民の多数は、徴兵制を支持したのである。

わが国の場合、どう考えればよいのか。自国を守る戦力の保持さえも禁止している憲法が、国民に祖国を防衛する義務など定めているわけがない。祖国を守る者は誰なのか。祖国を守ることは、「軍隊ではない自衛隊」にすべて任せて、自分たち一般国民には一切関係のないことなのか。このような無責任な国や国民というのは世界に見られるのだろうか。

今日の自衛隊は高度な専門家集団であるから、徴兵制度の導入には合理性はないと言えるであろう。しかし、徴兵制度導入の必要がないからこれを採用しないということと、それが憲法の禁止する「奴隷的拘束、意に反する苦役」（一八条）に当たるから許されないとすることとは、相当な違いがある。政府の解釈は、後者の立場をとるようである。

そうだとすれば、右に見た、憲法で兵役の義務を定めている諸国は、いずれも「奴隷的拘束、意に反する苦役」を憲法に違反しないと考えている国だということになってしまう。おかしな結論になりはしないか。兵役の義務を伴うかどうかはともかくとして、国民はそれぞれの立場で祖国を守ることを意識して、これに協力することは当然の責務ではないだろうか。

昨年五月三日に、安倍首相は憲法九条に自衛隊を明記すること、そして二〇二〇年に改正憲法を施行したいと述べた。首相の提案には前述したように論理的におかしな点が多々あるが、それはさておき、祖国の防衛に関する議論である九条の改正を提起したこと自体は、評価すべきものと思われる。

憲法改正のテーマとして最も重要なものは、九条問題以外にはない。もう先送りは許されない。臆することなく、正々堂々と憲法九条の改正の是非を議論すべきである。国民一人一人が、自分の国の防衛に責任をもって真正面から真剣に議論することこそが、喫緊の課題であろう。

本書が、そのような国民的議論のための参考資料としてお役に立てることになれば、筆者としての喜びこれに過ぎるものはない。

慶野義雄（けいの　よしお）

昭和 21 年栃木県生まれ。京都大学法学部卒業、京都大学大学院法学研究科修士課程修了、同博士課程中退。防衛医科大学校講師、同助教授、大阪国際大学教授、平成国際大学教授を経て、平成国際大学名誉教授。前日本教師会会長。憲法学会理事長（平成 27 年～ 29 年）。著書に『国民の政治学―保守主義の真髄』（嵯峨野書院）、『憲法・国家・政治』（共著・嵯峨野書院）、『現代の民主政治』（共著・嵯峨野書院）等。

高乗正臣（たかのり　まさおみ）

昭和 19 年東京都生まれ。中央大学法学部卒業、亜細亜大学大学院法学研究科修士課程修了。嘉悦女子短期大学教授、平成国際大学教授、平成国際大学副学長を経て、平成国際大学名誉教授。憲法学会理事長（平成 19 年～ 26 年）、現在憲法学会顧問。著書に『人権保障の基本原則』（成文堂）、『現代憲法学の論点』（共著・成文堂）、『現代法学と憲法』（共編・成文堂）等。

亡国の憲法第九条
保守派憲法学者の自衛隊違憲論

平成三十年二月十一日　第一刷発行

著　者　慶野　義雄
　　　　高乗　正臣
発行人　藤本　隆之
発　行　展　転　社

〒101-0051 東京都千代田区神田神保町 2-46-402
ＴＥＬ　〇三（五三一四）九四七〇
ＦＡＸ　〇三（五三一四）九四八〇
振替〇〇一四〇―六―七九九九二
印刷　中央精版印刷

定価［本体＋税］はカバーに表示してあります。
ISBN978-4-88656-453-5